Manfred Stutz

Schmierentheater

Posse mit Bocksgesang
in einem
Vorspiel und zwei Aufzügen
sowie (nach Belieben) mit Abgesang

Bibliografische Information der Deutschen Nationalbibliothek:
Die Deutsche Nationalbibliothek verzeichnet diese Publikation
in der Deutschen Nationalbibliografie, detaillierte bibliografische Daten sind im Internet über http//dnbdnh.de abrufbar

© 2017 Manfred Stutz
Herstellung und Verlag:
BoD – Books on Demand, Norderstedt
Titelbild: Riß durch Puppenstube mit Weihnachtsbaum
Entwurf des Autors nach einem Foto der
Fa. JAKO-O

ISBN 978-3-8423-1285-2

Inhalt

Die Personen

1. Mann ohne Namen	Schauspieler
	in Dreifachrolle als
Gero	Schauspieler
Friedrich Helm	Rollstuhlfahrer
Theaterchef	eigentlicher Spielleiter
Frau ohne Namen	Schauspielerin
	in Doppelrolle als
Lilli	Schauspielerin
Kirsten	Ehefrau Helms
2. Mann ohne Namen	Schauspieler
	in Doppelrolle als
Peter	Schauspieler
Thomas Klarmann	Angestellter
3. Mann ohne Namen	Schauspieler
	in Doppelrolle als
Ellen	Ehefrau Klarmanns
Spielleiter	vermeintlicher Theaterchef
Zwei Männer	
ohne Namen	Schauspieler in Rollen
	als Arbeiter

Das Vorspiel

Ein Bühnenraum, der fast fertig als bürgerliches Wohnzimmer ausgestattet ist. An der Stirnseite geht eine Tür auf den Hausflur, rechter Hand zwei weitere zur Küche und einem anderen Raum. Auf der linken Seite ist ein größeres Fenster. – Wenn der Vorhang aufgeht, sind zwei Arbeiter dabei, die Dekoration zu vervollständigen. Anschließend kommen sie in die Mitte des Raumes und schauen prüfend umher.

1. Arbeiter: Blindfuchs!

2. Arbeiter: Was?

1. Arbeiter: Siehs´ nix?

2. Arbeiter(blickt umher): Nee.

1. Arbeiter: Fällt dir nix auf?

2. Arbeiter: Nee!

1. Arbeiter: Na, dann... *(er holt einen Kaugummi aus der Tasche seines Kittels, wickelt ihn aus, steckt ihn in den Mund und fängt an zu kauen)* Dann guck mal. Vielleicht... merkste was.

2. Arbeiter: Wills´ mich auf´ n Arm nehmen, wa?

1. Arbeiter: Nee.

2. Arbeiter: Für doof verkaufen, wa?

1. Arbeiter: Nee.

2. Arbeiter: Du kanns´ mich!

1. Arbeiter: Nee.

2. Arbeiter schnaubt, klopft auf seine Taschen und holt eine Schachtel Zigaretten heraus.

1. Arbeiter: Laß dich mal erwischen.

2. Arbeiter: Nee.

Der Arbeiter steckt sich eine Zigarette in den Mund. Er klopft nach Streichhölzern, zündet die Zigarette an und pustet den ersten Zug betont genuß- und geräuschvoll aus. Dann setzt er sich in einen Sessel, raucht und schnipst die Asche auf den Boden. Der 1. Arbeiter holt einen Aschenbecher und setzt ihn hart auf den Tisch.

2. *Arbeiter:* Stehste gut?

Von draußen das Geräusch einer fallenden Tür. 2. Arbeiter wendet schnell den Kopf.

1. *Arbeiter:* Wette? – Du stehs´ gleich auch.

2. *Arbeiter nimmt noch einen Zug, wirft die Zigarette auf den Boden, steht auf, tritt sie aus und schubst sie unter den Sessel – alles ohne Eile. Dann fängt er an, heftig mit den Armen zu wedeln, um den Rauch zu verteilen.*

1. *Arbeiter(grinsend):* Was bist´n plötzlich so munter! – Willste... fliegen? – Hol lieber die Lampe!

2. *Arbeiter(hört auf zu wedeln, sieht sich um):* Was für ´ne Lampe?

1. *Arbeiter(nickt zum Kopfende des Tisches):* Was für ´ne Lampe! – So´n Blindfuchs!

2. *Arbeiter:* Die Stehlampe? – Wo is´n die?

1. *Arbeiter:* Auf´m Lokus! – Wo! Mensch, wo soll die sein!

2. *Arbeiter:* Weiß ich doch nicht! Sind deine... *(hört auf zu wedeln, als er von draußen Schritte vernimmt, eilt zu einem Schrank und macht sich daran zu schaffen)*

1. *Arbeiter holt ein Staubtuch aus seiner Tasche und wischt über den Tisch.*

Spielleiter(kommt herein, geht vor bis in die Mitte des Raumes, blickt prüfend in die Runde und nickt): Aha... aha... gut... aha..., sehr gut... aha... exzellent– ah...da! Da! – Was ist das! – *(starrt zum Fenster und überlegt)* Die Vorhänge... da am Fenster... auf! – *(sieht zu den Arbeitern)* Tach übrigens, Tach, die Herrn! – Ja? – Auf... die Vorhänge auf! *(sieht sich weiter um)* Wie sieht's aus – alles auf'm Tapet? *(Arbeiter brummen und nicken, der erste geht zum Fenster und zieht die Vorhänge auf; Spielleiter sieht sich weiter um)* Na, wunderbar... wunderbar – einfach... exzellent. – Dann... können wir ja – *(sieht auf seine Uhr)* Die Damen... und Herren – was? – Noch nicht? *(schüttelt den Kopf, geht noch einige Schritte, bleibt dann plötzlich stehen und schnüffelt)* Wie lange muß man noch predigen – tauben Ohren predigen! – Wer... war das?! – *(1. Arbeiter kommt vom Fenster zurück und kaut grinsend seinen Kaugummi)* Haben Sie –! *(dreht sich schnell um und wendet sich dem zweiten zu)* Sie...Sie...Sie verletzen Vorschriften, eindeutige – Vorschriften! Und Sie *ärgern* mich! – Wollen Sie mich ärgern, ich frage Sie... wollen Sie das? Die Einhaltung – *(er stutzt)* und hier fehlt... die Lampe! Die... Stehlampe! – *(streng)* Wo ist die –? *(2. Arbeiter reißt die Augen auf, tut eifrig und verschwindet; Spielleiter zum 1. Arbeiter)* So... geht das nicht! – Die Brandverhütungsvorschriften –! *(1. Arbeiter hebt die Schultern)* Die... die – na gut, Sie... Sie haben... noch niemanden gesehen – von den Damen und Herren, meine ich?

9

1. Arbeiter: Nö – aber ich hab was gehört – *(lauscht)* da is´ einer.

Spielleiter: Hoffentlich – *(sieht wieder auf die Uhr)* hoffentlich – *(schaut erneut auf die Uhr)* Was sind das für Menschen! Ich werde nie begreifen, was das für Menschen sind, Sie etwa?

1. Arbeiter: Ooch...

Spielleiter(trommelt auf einen Schrank und blickt zur Tür): Warum hat man einen Beruf, in dem Menschen nicht wissen, daß drei Uhr drei Uhr ist? Warum, frage ich Sie. – Man geht durch diese Tür und hat sich geopfert... finsteren Mächten geopfert... sich selbst geopfert auf – auf dem Altar des Trivialen, den Götzen Unpünktlichkeit und Nachlässigkeit, dem unheiligen Buch Brandverhütungsvorschrift! *(hebt die Hände)* O, Apoll – ! – *(düster)* Diese Tür – sie wird die Öffnung meiner Grabkammer sein und Sie... ja, *Sie* auch... Sie alle sind die mitleidlosen Peiniger meines qualvollen Lebens.

1. Arbeiter(erschrocken): Wie –?

Spielleiter: Es braucht Heroenmut... und Götterkraft. – Doch diese Tür... Lilli –! *(sein Gesicht strahlt plötzlich, da die Tür sich öffnet und Lilli erscheint, hinter ihr Peter; beide in nasser Regenkleidung)* Lilli, mein Schatz! – *(eilt auf sie zu)* Daß du da bist – ich kann dir gar nicht sagen! Lilli –! Wie bin ich froh! – *(sie geben sich Küßchen auf die Wange)* Scheußlich, nicht? – Einfach scheußlich! – *(hat sie mit ausgestreckten Armen gefaßt, besorgt)* Du wirst dich nicht erkälten? – Kind –! Wir brauchen dich, Kind, morgen –!

Lilli(hell lachend): Nein, das bißchen Regen!

Spielleiter: Lilli, morgen brauchen wir dich! Ja, Lilli, dich... *(betrachtet sie beglückt)* – Du bist ein Schatz – du bist –! *(gibt ihr einen Schmatz auf die Stirn; mit Eifer)* Du hast recht, wir machen das... wir machen alles!

Lilli: Aber ja, mach dir keine Sorgen.

Spielleiter: Alles – komm, Kind, komm... ah, das kann uns alles... komm, bitte – Peter, ah... Peter, du...*(gibt ihm die Hand)* – bitte, kommt, Kinder, macht euch fertig, stürzt euch hinein, haha, Peter, bitte – wir fangen an... bald, bald, komm, mein... *(bricht ab, da er bemerkt, daß Lilli sich abwendet; in Aufruhr fast)* Lilli... Lilli... bitte – erschreck mich nicht! – Ist etwas – Lilli?!

1. Arbeiter(für sich): Wo steckt der Blindfuchs? *(geht hinaus)*

Lilli(ziert sich): Du... du – ich hab dir... du weißt...

Spielleiter(faßt sich an den Kopf, für sich): Schon wieder – ihr Götter, ihr Götter...*(ergeben, wie etwas oft Wiederholtes)* Lilli, sie ist gut.

Lilli: Nein.

Spielleiter: Sie ist gut.

Lilli: Du sagst das nur.

Spielleiter: Lilli, glaub mir...*(resigniert um sich sehend)* Peter, bitte, Peter – sag du ihr, sie ist gut.

Peter: Wie –?

Spielleiter: Sag, sie ist gut.

Peter: Ja, äh...*(sieht den Spielleiter an, lächelt, hüstelt)* ja, äh, sie ist gut.

Spielleiter(schnell): Hörst du, hörst du, Lilli, Peter sagt es... alle sagen es – sie ist gut, das Stück ist für dich, nur für dich... Peter, nicht?

Lilli: So ein – Stück. So was ist kein Thema mehr – und ich... Handarbeitszeug... *häkeln!*

Spielleiter: Für dich geschrieben!

Lilli: So eine Rolle!

Spielleiter: Sie ist gut, und du wirst groß sein, glaub mir! – Kommt, Kinder... gib mir deinen Mantel, komm, mein Liebes – *(hilft ihr aus dem Mantel)* kommt... kommt – *(faßt sie um die Schulter)* wir gehen! – *(zu Peter, der langsam folgt)* Wo sind die anderen, hast du sie gesehen?

Peter: Gero ist da. Anne...

Spielleiter: Der gute Gero. – Komm, Lilli, das wird eine Premiere! Siehst du, du mußt überzeugt sein, daß die Rolle gut ist, dann bist du's auch. – *(schnell, da sie aufschaut)* Aber du bist immer gut, mein Schatz, immer! – *(mit Erschrecken wieder)* Du hast dich nicht erkältet, nein, du bist sicher, ganz sicher? – *(bleibt stehen)* Peter, hast du ihr einen Schirm gehalten, hat sie einen Schal umgehabt? – Ach, ja... hier, ein Schal – *(atmet erleichtert auf)* Es ist alles gut. *(gehen unter Lachen Lillis ab)*

Durch eine andere Tür kommt der 1. Arbeiter mit der Lampe herein. Er stellt sie halb versteckt neben einen Schrank, schließt sie an und schaltet sie einige Male an und aus; danach 2. Arbeiter.

1. Arbeiter(grinst): Has´ die Lampe?

2. Arbeiter: Nee, find ich nich´. – Wo isse?

1. Arbeiter: Leg mal auf de Seite.

2. Arbeiter: Was?

1. Arbeiter: Dein´ Kopp. – *(hält seinen Kopf schräg)* Vielleicht läuft ´n Rest zusammen, un´ es funkt noch mal.

2. Arbeiter: Du brauchs´ gar nich´ so machen – *(legt den Kopf ebenfalls auf die Seite)* bei dir nütz´ das sowieso nix mehr – *(sieht die Lampe)* Da... da isse ja!

1. Arbeiter: Siehste – hilft doch. Mußte öfter machen.

2. Arbeiter: Du kanns´ mich! Du – Blindfuchs! *(geht verärgert ab)*

Während der 1. Arbeiter die Lampe neben den Tisch stellt und mit seinem Staubtuch abwischt, ertönt ein Schlagerlied. – Durch eine der Türen kommt Gero in einem Rollstuhl herein, fährt ein wenig umher, nickt dem Arbeiter zu, bleibt dann stehen und ruft.

Gero: Aus! – Aus! – Die Musik! – Musik aus! – *(da sie weitergeht, lauter)* Ausmachen! – *(springt aus dem Rollstuhl, gestikuliert nach oben, schreit)* Aus –! – Das ist... furchtbar! – *Ausmachen!* – *(die Musik hört auf; er umfaßt seinen Schädel, stöhnt)* Mein Gott... *(zum Arbeiter)* Furchtbar, nicht? – *(geht zu ihm hin)* Alles klar? – *(Arbeiter sieht sich um und nickt; Gero zieht seine Geldbörse, gibt ihm einen Schein, klopft ihm auf die Schulter, wendet sich ab und umfaßt wieder seinen Kopf)*

Peter(kommt herein, sieht ihn, lacht): Ah... die Armesünderpose, haha...

Gero: Freund, hab Mitleid. – Hast du das gehört?

Peter: Was?

Gero: Mein armer Kopf.

Peter: Die Musik? – *(lacht wieder)* Gestern abend...

Gero: Oooh...

13

Peter: Als ich ging – ich glaube, du warst auf dem Tisch.

Gero: Bitte – hör auf.

Peter(betrachtet ihn einen Moment): War´s noch lang?

Gero: Ja.

Peter: Und? – *(sieht zum Arbeiter, der wie prüfend umhergeht, tritt näher an Gero heran)* Und –?

Gero: Zu lang.

Peter: Hast du sie –? *(Kleine Pause)* Ist sie mit?

Gero(an seiner Ehre gepackt): Hör mal! – Ooh...

Peter(schüttelt den Kopf und lacht): Du mit deinen kleinen...

Gero: Klein...klein – eine Bestie! – *(apathisch)* Glaub mir – eine Bestie.

Peter: Ha, selbst schuld, haha – in deinem Alter.

Gero(faßt sich wieder an seinen Kopf): Oh, mein Schädel... mein armer Schädel. *(geht langsam zu einem Sessel und setzt sich behutsam hinein)*

Spielleiter(kommt hereingewankt, wehleidig): Dieses Frauenzimmer! Wir müssen absagen – Erkrankung der... Souffleuse, des ganzen Ensembles... plötzlicher Tod des – *(erschrocken)* nein, entsetzlich, das nicht! – Wo steckt sie?

Peter: Anne?

Spielleiter: Wo steckt sie? – *(blickt ratlos umher)* Wir müssen absagen – wir sind... verloren... unser Ruf! *(mit plötzlicher Hoffnung, zu Gero, der versucht, sich zu straffen)* Hast du sie gesehen?

Gero: Ich?

Spielleiter: Gestern abend – du bist auch... äh, du gehst auch immer, ich meine... *(betrachtet ihn miß-trauisch)*

Gero: Heute ist Probe! – *(entrüstet)* Generalprobe!

Spielleiter(gerührt): Ach, Gero! – Und du hast sie nicht... zufällig? Heute irgendwo?

Gero: Letztes Rollenstudium, das hab' ich, ja.

Spielleiter: Was sind das nur für Menschen...

Lilli(in der Tür): Wer? – Wen meinst du? *(kommt her-ein und bringt ein Kissen mit, das sie sich unter ihren Pullover steckt; geht damit hin und her und blickt prüfend an sich herunter)*

Spielleiter: Äh... ja, die Menschen, nicht? Was sind das für... Menschen.

Peter(versteckt schmunzelnd): Es kann was passiert sein.

Spielleiter(fährt hoch): Nein, nein – dies Frauen-zim-mer... wer so ein – Lotterleben –! – *(versucht sich zu beruhigen, lächelt Lilli zwischendurch begütigend zu)* Also, ich sage euch, wenn morgen nicht Premiere wäre, Kinder – ich schwöre euch, ich... ich wäre im-stande...

Lilli(begeistert): Oh, du bist großartig, wenn du so aus dir rausgehst! Ganz wie ein... Vulkan!

Spielleiter(bemüht, sich nicht geschmeichelt zu zei-gen, entschlossen): Wir fangen an! Wir fangen an! – Ohne sie! *Ich* spiele!

Lilli: Phantastisch! Du spielst! *(eilt auf ihn zu)*

Spielleiter: Ich spiele!

Lilli(umfaßt und schwingt ihn im Kreis): Oh... himm-lisch.., das wird himmlisch!

Spielleiter(gleichzeitig): Lilli... nicht doch... nicht... mein Schatz!

Lilli(läßt ihn los, dreht sich alleine, wobei ihr das Kissen verrutscht; präsentiert sich ihm dann, übermütig): Mit – oder ohne?

Spielleiter(konfus): Wie... wie –? – Aber, Lilli... Schatz – mit... mit! – *(sieht, daß sie schmollt, bittend)* Lilli... Kleines, wir haben Spielprobe... Lilli, bitte, sei gut... du bist brav, ja? – *(sie kommt auf ihn zu)* Lilli, bitte – *(er weicht zurück)* bedräng mich nicht... du kannst nicht... du kannst... nun – *(bleibt stehen)* wie... wie du... du kriegst das auch so hin... morgen, nicht, Lilli? *(sie lächelt schelmisch und hält ein, als überlege sie)* Mach... mach, wie du willst – *(er klatscht in die Hände, mit neuer Energie)* Aber laßt uns anfangen!

Der 1. Arbeiter war zwischendurch hinausgegangen, kommt jetzt zurück und setzt dem widerstrebenden Spielleiter eine Frauenperücke auf. Dann versucht er, sowie sich im folgenden Gelegenheit ergibt, ihn zu schminken.

Spielleiter: Kommt, Kinder, laßt uns anfangen! Und denkt dran, wir spielen durch, als wär´s morgen. – Was ich zu den Pausen gesagt habe, wißt ihr noch... du besonders – *(wendet sich Gero zu, der wieder in seine vorherige Leidenshaltung gefallen ist, vorwurfsvoll)* Gero –! *(in böser Ahnung)* Hast du nicht doch –! *(Gero springt federnd auf, wobei er das Gesicht verzieht, wehrt beruhigend ab)* Wirklich nicht? *(mit zweifelndem Blick)* Du bist in Ordnung? – Also, spielt die Pausen... die Gedankenstriche und all diese

Sachen, denkt dran! So, und nun kommt, macht euch fertig, Kinder! – *(will selbst auf eine Tür zugehen, besinnt sich, bleibt stehen)* Bitte, bitte... macht euch fertig! – *(bedeutet dem Arbeiter, ihm etwas auf die Seite zu folgen, leise)* Wo sind die Flaschen?

1. Arbeiter: Wie?

Spielleiter(ruft): Technik! – *(zum Arbeiter)* Die Bar!

1. Arbeiter: Was?

Spielleiter(ruft): Was ist mit der Technik? – *(ungeduldig)* Der Getränkeschrank... die Flaschen!

1. Arbeiter: Die Flaschen?

Spielleiter: Ja doch.

1. Arbeiter: Da... da.

Spielleiter(ruft): Kinder, bitte!

Während Lilli wie plötzlich entschlossen das Kissen zurechtrückt, zum Sofa geht und sich hinsetzt, Gero sich leise stöhnend mit einer Zeitung zum Rollstuhl begibt und Peter sich anschickt hinauszugehen, öffnet der Spielleiter schnell einen Schrank, nimmt zwei Flaschen heraus, öffnet sie, riecht daran und stellt sie zufrieden wieder zurück.

Spielleiter(ruft): Technik! – Was ist mit der Technik?

Stimme: Alles klar!

Peter(an der Tür): Toi, toi, toi, macht ´nen guten Start!

Spielleiter(erschöpft): Fertig? – *(winkt den Arbeiter weg, schaut umher. Sein Blick bleibt bei Lilli haften; er lächelt ihr zu, plötzlich aufgeregt)* Das... Handarbeitszeug... wo –?

Lilli(lacht): Hier – *(hält es hoch)* hier!

Der Spielleiter fährt sich mit der Hand über die Stirn, sammelt sich einen Augenblick, macht dann eine Einsatzgeste wie ein Dirigent und entfernt sich auf Zehenspitzen.

Erster Aufzug

Helm sitzt im Rollstuhl und liest Zeitung, seine Frau ist auf dem Sofa mit Handarbeitszeug beschäftigt. Helm schaut auf die Uhr, rollt zum Radio und stellt es an. Während eine Stimme aus den Lautsprechern ertönt, fährt er an seinen Platz zurück und liest weiter.

Stimme: ...ist es in diesem Zusammenhang vielleicht einmal ganz interessant für Sie zu erfahren, daß die Tradition der Advents- bzw. Weihnachtskerze, dieses Symbols des Lichts, der Wärme und Liebe, in Deutschland gar nicht einmal so alt ist. Zu Anfang des 19. Jahrhunderts erst kam es auf, daß wohlhabende Bürgerfamilien Weihnachtsbäume aufstellten und mit Kerzen schmückten. Nun, mit dem Baum hat es noch etwas Zeit, doch wenn wir heute an unserem Adventskranz eine erste Kerze anzünden, dann sollen wir wissen, daß ...*(in der Anlage tritt eine Tonstörung auf)* --- der Gegenwart --- und künden --- Licht der Welt --- in der Finsternis, die uns --- liebe Hörerinnen und --- Hoffnung und --- Widerschein --- Augen unserer --- wir glauben --- ruhigen und besinnlichen...

Stimme*(einer Ansagerin):* ...ersten Advent sprach Pfarrerin --- Kantate eins bis drei --- Weihnachtsoratorium --- Bach. Sie hören...

Während der Tonstörungen haben Lilli und Gero Handarbeitszeug und Zeitung nach und nach sinken lassen, sich zunächst belustigt angesehen und dann ergeben zurückgelehnt. Spielleiter kommt auf die Bühne gestürmt.

Spielleiter: Aus! Aus! Aus! – Aus! – *(theatralisch)* O, ihr Götter –! Auf diesen Brettern... diesen staubigen Brettern ende ich mein Leben! *– (rauft sich die Haare und wirft sich in einen Sessel, beugt sich wie von starken Schmerzen gepeinigt nach vorn und windet sich, schreit dann nach oben)* Was ist los? – Um Himmels willen, was ist los?! *– (springt auf, lauscht angestrengt, doch keine Antwort; fällt wieder in den Sessel und vergräbt den Kopf in den Händen)*

Lilli(erhebt sich, geht zu ihm, beugt sich zu ihm herunter): Nicht doch... nicht, unser starker...

Stimme: Weiter!

Lilli(freudig): Hast du gehört – weiter! Er sagt...

Spielleiter(stöhnt): Ooh...

Lilli: Nur eine kleine Störung.

Spielleiter(stärker): Oooh...

Lilli(lockend): Nun komm, jetzt fangen wir an – richtig, ja...

Spielleiter(hebt langsam den Kopf): Auch die Stärksten sind – Menschen... nur Menschen.

Stimme: Weiter!

Lilli(faßt ihn am Arm): Hörst du?

Der Spielleiter steht müde auf. Er geht schweren Schrittes und ohne sich umzusehen von der Bühne. Lilli und Gero nehmen ihre Ausgangsposition wieder ein. Die Musik setzt ein. Mit ihrem Beginn legt Helm die Zeitung beiseite, rollt in die Mittelposition vor die Lautsprecher und hört zu. Bald fängt er an, seinen Kopf rhythmisch mitzubewegen und deutet gelegentlich mit dem rechten Arm ein Dirigieren an. Dann ist von draußen die Haustürklingel zu vernehmen, die des öfteren betätigt wird, ohne daß Helm etwas hört. Seine Frau blickt auf. Schließlich wird auch Helm aufmerksam und sieht zu ihr hinüber. Sie hebt die Schultern. Helm nimmt eine Fernbedienung und stellt das Radio leiser.

Helm: Wer ist das?

Kirsten: Weiß nicht. – *(sie steht auf)*

Helm: Nein... nicht!

Sie geht auf die Tür zu.

Helm: Nicht... nicht aufmachen! – Wir sind nicht da!

Das Klingeln setzt wieder ein.

Kirsten: Wer ist das?

Helm: Ist mir egal. Ich will hören.

Kirsten: Vielleicht... *(sie steht unschlüssig)*

Helm: Setz dich... Warum setzt du dich nicht?

Kirsten: Das Auto...

Helm: Wie?

Kirsten: Das Auto steht in der Einfahrt. – *(Kleine Pause)* Ich muß noch mal weg.

Helm: Wohin?

Kirsten: In die Apotheke.

Helm: Ach ja, verdammt!

Kirsten(nach draußen horchend, wo es ruhig ist): Und –?

Helm: Warte – warte.

Kirsten: Mach leiser... etwas leiser. – Ich guck mal.

Helm: Nein – warte noch.

Sie lauschen beide. Schließlich stellt Helm den Ton wieder etwas lauter, und Kirsten geht zur Tür. – Es klingelt erneut.

Kirsten: Ich mach jetzt auf.

Helm hebt resignierend die Hände und sieht ihr nach.
Kirsten(läßt die Tür auf, aus dem Flur): Ach, ihr seid es – ihr!
(Das folgende mehr oder weniger durcheinander)
Spielleiter: Jaa, wir! – Ist das eine Überraschung? – Wir sind es!
Klarmann: Der Gerichtsvollzieher ist heut´ nicht unterwegs, haha...
Kirsten: Schön – das ist schön.
Spielleiter: Kirsten, meine Liebe!
Klarmann: Haha... hereinspaziert, sie sind da!
Spielleiter: Wie geht es dir? – Gut... gut, nicht wahr!
Kirsten: Ja, eine Überraschung – ihr seid es! Kommt herein!
Klarmann: Ha, man sieht´s doch – man sieht`s! – Dürfen wir reinkommen... oh, laß dich anschauen! – Ist sie nicht ganz die alte!
Spielleiter(hüstelt): Nicht! Nicht! – Ja, laß dich ansehn! Ach, ganz...
Kirsten(lachend): Thomas, nicht doch! – Ellen –! Was ihr erzählt! – Ja, guten Tag auch... kommt, kommt rein!
Spielleiter: Guten Tag – guten Tag! – Huh, schnell, schnell!
Klarmann: Tag... Tag, Mädchen! O, wie sie lachen kann!
Kirsten: Daß ihr –! Hier... hier – die Sachen!
Klarmann: Ganz die alte, nicht, Schatzi?
Spielleiter: Huh... schnell, halt meine Sachen! Da –! Huh, ich kenn mich gar nicht aus bei euch... Kirsten,

darf ich mal... huh, wo ist denn –? Ach ja... da, da... huh, macht Platz!

Klarmann(lachend): Ihr wart ihre letzte Hoffnung, haha... stell dir vor, ha, stell dir vor –!

Kirsten: Ihr habt gut lachen, ihr Männer.

Klarmann: Ja, wir wollten grad weiter – habt ihr uns nicht gehört? – *(lacht)* Oder wollt ihr uns nicht reinlassen? – Tja, sozusagen echt Land unter bei ihr... war der letzte Versuch... mit dem Klingeln, mein` ich.

Kirsten: Ja?

Klarmann(lacht wieder): Es ging nicht mehr, sie wollte schon... wollte schon bei euch...

Kirsten(lacht auch): Ja? – Ja? – Komm, bitte, geh nur rein!

Klarmann(im Näherkommen): Was macht ihr bloß – man sieht und hört nichts von euch! Wie die Dachse, haha...*(tritt in die Tür, hinter ihm Kirsten; Klarmann verbeugt sich übertrieben förmlich vor Helm)* Gestatten, Klarmann mein Name, Klaro Klarmann! *(lacht)* Tag, Friedrich!

Kirsten(lacht ebenfalls): Ach, Thomas!

Klarmann(zu Kirsten): Wir haben uns so lange nicht gesehen, da muß man sich erst wieder bekannt machen, oder? – *(geht auf Helm zu)* Wie geht's? – *(gibt ihm die Hand)* Alles klar, Mann? – *(sieht etwas umher, deutet aufs Radio)* Da liegt der Hase, stimmt's? Fritz und seine Musik, stimmt's? – Haha, da kann man lange schellen.

Helm sieht Klarmann an und nickt.

Klarmann: Ja, du mit deiner Musik. – *(beschwichtigend)* Keine Angst, wir bleiben nicht lange. Ellen wollte auf ´nen Sprung...

Spielleiter (von draußen): Wo seid ihr... wo seid ihr? – Ach –! *(erscheint in der Tür und eilt auf Helm zu)* Hier! – Hier!

(Der Spielleiter hält ein Rollenbuch in der Hand, aus dem er zeitweilig abliest, und spielt im folgenden die Rolle der Ellen Klarmann in weibischer, aber nicht übertriebener Manier)

Klarmann. Sie mußte mal.

Spielleiter(vorwurfsvoll): Schatzi! Du!

Klarmann(winkt ab, lacht): Er hat Musik gehört, das war´s.

Spielleiter(stehenbleibend): Wie –?

Klarmann: Weißt du nicht, wenn er Musik hört...

Spielleiter: Ach ja? – Natürlich! – *(setzt sich wieder in Bewegung)* Fritz! – Fritz! – Guten Tag! – Wie geht es dir? – Fritz! *(macht Anstalten, mit Helm einen Wangenkuß auszutauschen, doch der rollt etwas zurück und hält ihm schnell die Hand hin)* Wie geht es dir?

Helm: Danke. – Und euch?

Spielleiter: Ach, wie soll´s uns gehen – wir waren im Park, weißt du, und da dachten wir... *(lauscht ein wenig)* Was für Musik hörst du denn?

Kirsten: Wollen wir nicht ausmachen – das stört nur! – Kommt, setzt euch doch!

Der Spielleiter wehrt ab, so daß sie alle für einen Augenblick der Musik zuhören.

Klarmann: Meine Beine...

Spielleiter: Psst... mach etwas lauter, Fritz. *(ist ganz Ohr)* Ist das nicht... ist das nicht –?

Klarmann: Haben wir das nicht gehört?

Kirsten: Nun kommt... *(zu Helm)* Mach leiser, bitte.

Spielleiter: Erkennst du's auch wieder? – Wann war das?

Klarmann: In der Michaeliskirche, nicht? Weißt du noch? Vor drei Jahren... oder zwei.

Spielleiter: Drei!

Klarmann: Drei? Wie's da geschneit hat, ganz fürchterlich, was?

Spielleiter: Drei! Kurz vorher war die Scheidung deiner Schwester.

Klarmann: Stimmt. – Ja, das Auto, ha, das war weg, als wir rauskamen, einfach weg! – Sind rumgelaufen und haben das Auto gesucht, ha.

Spielleiter: Und dann mußten wir doch laufen. – Ich mit meinen Schuhen...

Klarmann: Haha... wie 'n Storch, ja – *(geht staksig; Spielleiter wirft ihm einen Blick zu)* Äh... und der Prokurist, der mit seiner Frau, die waren auch da.

Spielleiter: Nun sei mal still, man hört gar nichts. – Mach wieder etwas lauter, Fritz, bitte! *(lauscht der Musik)* Ja, ich erinner' mich... das ist doch... das ist...

Kirsten nimmt die Fernbedienung, stellt den Ton leiser.

Klarmann: Genau das ist es – was wir damals gehört haben!

Spielleiter: Ja, in der Kirche – *(überrascht, zu Helm)* Daß du alter Heide dir so was anhörst.

Kirsten(schaltet das Radio aus): So! – Ihr könnt im Sitzen...

Spielleiter: Nun sag aber.

Helm: Ein... Leben, die Geschichte eines Lebens, mehr nicht. – Der Beginn davon... mit Pauken und Trompeten. Wie's dann weitergeht... *(grinst)* ist 'ne andere Sache.

Spielleiter(ratlos): So... ja, dann – Trompeten, nicht?

Helm(grinst weiter): Trompeten, ja.

Klarmann: Und Pauken.

Helm: Und Pauken.

Kirsten(energisch): Jetzt ist's gut! – Ellen, Thomas, nehmt Platz, bitte. – Kommt!

Klarmann: Danke, danke, meine Beine – und du stehst auch noch! – *(vorwurfsvoll)* Mädchen, was stehst du so lange – *(will sie zum Sofa führen)* setz dich doch.

Kirsten: Danke, ich – setz dich nur, danke... ich wollte gerade Kaffee machen.

Spielleiter: Nicht doch, nicht nötig.

Kirsten: Nein, ich hätte sowieso... aber es gibt nur koffeinfreien.

Spielleiter: Das macht nichts, gar nichts. Wenn du sowieso... gerne, meine Liebe, ja.

Klarmann(überlegt einen Augenblick): Danke, ich zieh' was Prozentiges vor... *(schüttelt sich etwas)* ist lausig kalt geworden.

Kirsten(zu Helm): Und du?

Helm: Für mich auch nicht. Ich trink – *(nickt zu Klarmann)* ich schließ mich an, ich kann's auch brauchen – ich krieg' etwas Magendrücken, glaube ich.

Spielleiter: Na, dann laß die, wir machen uns einen schönen Kaffee. – *(faßt Kirsten unter)* Komm, ich helfe dir. – *(gehen auf die Küche zu)* Hast du gehört, was die Frau vom... Ja, was ich dir sagen muß, also, das muß ich dir unbedingt – nein, was es für Tratschtanten gibt, wenn alle so wären, stell dir nur vor, du und ich und alle, wir wären alle so... *(beide in die Küche, machen die Tür zu)*

Helm(ist an den Schrank gefahren, öffnet ihn und sieht Klarmann, der ihm gefolgt ist, an): Cognac?

Klarmann nickt; Helm gießt ein und reicht ihm das Glas. Er selbst gießt sich aus einer anderen Flasche ein, nickt Klarmann zu und leert sein Glas auf einen Zug.

Klarmann: Auf dein Spezielles! – *(schwenkt das Glas, riecht und trinkt ein wenig)* Ah... das tut gut! – *(geht langsam zum Tisch zurück)* Ist wirklich lausig kalt geworden, so naßkalt, bäh, ganz unangenehm.

Helm(folgt ihm): Naßkalt, ja?

Klarmann: Ja, das kriecht dir überall drunter, bäh... *(nimmt wieder einen Schluck)* Hilft aber nichts, man muß raus, mal frische Luft schnappen. Die Woche über im Büro – *(schüttelt den Kopf und lacht)* Ein Wunder, daß man noch nicht abgekratzt ist bei so 'ner Lebensweise.

Helm: Ja, man sollte öfter raus.

Klarmann: Gott sei Dank, bald ist Weihnachten.

Helm: Ja.

Klarmann: Wir machen wieder zu.

Helm: Ja?

Klarmann: Klaro, zwischen den Feiertagen, das lohnt sich nicht.

Helm: Ja.

Klarmann: Viele nehmen sowieso Urlaub. Schau, mit ein paar Tagen dazu kommen die auf drei Wochen dies Jahr, fast drei.

Helm: Ach...

Klarmann: Lohnt sich einfach nicht.

Helm: Ja.

Klarmann: Ein Glück! Mal richtig ausspannen, wieder auftanken! – Im Gebirge!

Helm: Wollt ihr weg?

Klarmann: In die Schweiz, Vierwaldstätter See. – *(nickt)* Bißchen rumlaufen, etwas Curling, Après-Ski, Saunalandschaften und was dazugehört. Viel Wellness und Beauty halt, mehr für Ellen, mein ich... Beauty, ja? Interessante Bekanntschaften kann man da machen, lauter Leute, die mitten im Leben stehn. Skifahren selbst, das war ja nie so mein Ding. – *(lacht)* Am Ende kommst du mit gebrochenen Ohren zurück, was? Ha... äh, entschuldige.

Helm: Ja?

Klarmann: Äh, ich meine, du... na, ja, auf jeden Fall...

Kirsten(kommt mit Kaffeegeschirr herein): Hast du gehört, Thomas und Ellen fahren über die Feiertage in die Schweiz.

Helm: Hab´ ich gehört.

Kirsten(fängt an den Tisch zu decken): Wart ihr nicht erst im Herbst weg?

Klarmann: Ich nicht, ich konnt´ nicht.

Kirsten: Wie – Ellen allein?

Klarmann: Warum nicht?

Kirsten: Wo war sie?

Klarmann: Kanaren – *(lacht und ruft zur Küche hinüber, wo die Tür jetzt aufsteht)* Schatzi, was macht dein Spanier? – *(Spielleiter erscheint kurz in der Tür und macht eine halb drohende, halb belustigte Gebärde, so daß Klarmann noch mehr lacht)* Haha, soll sie ihren Spaß haben, oder? Die Zeiten sind nicht mehr so, Gott sei Dank, was, Fritz?

Helm betrachtet ihn und grinst.

Kirsten: Bei uns wird's dies Jahr nichts.

Klarmann: Mädchen, ihr könnt nicht alles haben.

Kirsten. Ja, im Gebirge, Eis und Schnee, das ist jetzt nichts.

Klarmann: Eben, bleib du lieber zu Hause.

Kirsten: Und sowieso – *(lächelt)* Da ist der Termin.

Klarmann: Fritz ist immer... Du bist gut gelaufen, nicht?

Helm: Hm...

Klarmann: Sicher doch. Ich kann mich erinnern.

Helm: Geht so.

Spielleiter(mit Tablett und Kaffeekanne): So, ihr Lieben, jetzt wollen wir's uns gemütlich machen, richtig gemütlich. Habt ihr schon was gehabt? Friedrich, ja? – Ah, wie freu ich mich! – *(setzt sich, gießt ein und schnuppert)* Wie das duftet! Ist das nicht köstlich? Riecht ihr's nicht auch?

Klarmann: Nichts gegen Kaffee – *(schnuppert ebenfalls)*, riecht gut, gutes Aroma, aber die – *(schwenkt das Glas, riecht daran)* die Blume ist mir heut' lieber.

Spielleiter: Kirsten – Milch, Zucker? Ich hab´ ganz vergessen, wie du´s magst. – *(blickt bedeutsam in die Runde)* Da seht mal, wir sehen uns zu wenig. Das weiß ich tatsächlich nicht mehr.

Kirsten: Danke, laß nur, ich mach mir selber. *(kommt mit Gebäck, das sie in eine Schale gefüllt hat, setzt sich und bereitet ihren Kaffee)*

Spielleiter(trinkt und strahlt): Köstlich! – *(nimmt erneut ein Schlückchen)* Köstlich! – Ich bin eigentlich kein Freund von deiner... von der Marke, aber der hier – *(trinkt wieder)* hm, einfach köstlich!

Kirsten: Ja?

Spielleiter: Ja, wirklich! Im Stadtcafe, die haben ja auch einen Kaffee, aber der hier!

Klarmann: Vielleicht liegt´s am Wasser. Der Kalk im Wasser, der macht´s.

Spielleiter: Äh, hab´ ich richtig gehört, ihr wollt zum Skilaufen? – Nein, oder?

Klarmann: Wir sprachen übers Skilaufen, so allgemein.

Spielleiter: Ich dachte schon.

Kirsten: Nein, nur allgemein.

Spielleiter: Friedrich ist gern Ski...

Kirsten: Haben wir nicht in der ganzen Stadt –?

Spielleiter: Und er war auch gut, o ja, sehr gut. – *(betrachtet ihn)*

Kirsten: Ich meine, das Wasser, ist das nicht –?

Klarmann: Wir haben zwei, zwei Wasserwerke. Vielleicht hängt ihr am andern, ja, bestimmt.

Kleine Pause.

Spielleiter: Wie... wie lang ist das nun her? – *(da Helm nicht antwortet, sieht er Kirsten an)* So drei, vier Jahre?

Kirsten nickt.

Klarmann: Schon vier Jahre... Kinder! Und ein Jahr vorher seid ihr von hier weg, oder? Ihr hättet da nicht rauf sollen.

Spielleiter: Ja, schrecklich, nicht, einfach schrecklich, wenn man bedenkt...

Klarmann(aufgebracht): Und wie! Das mußt du dir überlegen, wie –!

Spielleiter: Nein, wie schrecklich!

Klarmann: Auf dem Bürgersteig! Dem Bürgersteig!

Spielleiter: Entsetzlich!

Klarmann: Und warum? – Weil er besoffen ist, das Schwein. – *(Spielleiter sieht ihn mißbilligend an)* Ja, Herr Gott, da muß man sich aufregen, bei so was. Das kann jedem passieren! Morgens stehst du munter auf, und abends bist du ein... da bist du – da ist es passiert.

Spielleiter(tiefsinnig): Ja, was sind wir ohne unser Schutzengelchen, nicht?

Klarmann: Fahrerflucht! – *(schüttelt den Kopf)* Und nicht mal 'ne Rente.

Spielleiter(überlegt): Woher... woher weißt du, daß er betrunken war?

Klarmann: Wie? – Was sonst! Wer fährt sonst auf den Bürgersteig!

Spielleiter(überlegt weiter): Und – wenn er nicht wegfährt, gibt's eine Rente?

Klarmann: Ja.

Spielleiter: Von wem denn?

31

Klarmann: Schatzi! – Von der Versicherung. Von dem andern seiner Versicherung, von der Haftpflichtversicherung! Der hat's ja verschuldet, und der ist dagegen versichert. Autoversicherung, ja?

Spielleiter: Ah, und das ist nicht viel?

Klarmann: Nicht viel! – Nichts! Nullkommanichts! Fahrerflucht! *(zeigt auf Helm)* Von wem soll er's holen!

Kirsten: Ah, der Adventskranz! – Erster Advent heute! *(erhebt sich)*

Spielleiter: Kirsten, seid ihr noch bei dem – diesem Doktor?

Kirsten: Nein. Wir haben einen neuen, einen Spezialisten, einen richtigen Spezialisten.

Spielleiter: Wirklich? – Und?

Kirsten: Es bringt schon was. – *(lächelt unsicher zu Helm, der an den Getränkeschrank rollt)* Er kann schon einige Schritte machen, manchmal.

Klarmann: Allein?

Kirsten: Ja, allein.

Spielleiter: Ganz allein?

Kirsten: Mit den... den Dingern da. *(deutet auf ein Paar Krücken)*

Spielleiter(wendet sich Helm zu): Friedrich –! Ist das nicht großartig! O Fritz!

Helm(vom Schrank her, wo er ein Glas getrunken hat, zu Klarmann): Entschuldige, für dich auch?

Klarmann: Danke, hab' noch. – Ich krieg auch Ärger, haha...

Kirsten(bringt den Kranz): Den hätt' ich bald vergessen.

Spielleiter: O, laß uns eine Kerze anmachen, das ist so romantisch, ich mag das so sehr. – Ist der hübsch! Hast du ihn selbst gemacht? Nein, Thomas, ist der nicht hübsch?

Klarmann(steht auf und sucht in seinen Taschen): Meine Schwarzen mußte ich ja zu Hause lassen, aber Streichhölzer... *(holt eine Schachtel hervor, zündet eine Kerze an; sein Blick fällt auf das Sofa)* Und Sachen strickst du auch schon?

Kirsten(amüsiert): Schon? Das wird allmählich Zeit. Aber stricken tu ich nicht, das ist Häkeln.

Klarmann: Ah, häkeln – *(denkt etwas nach)* Ist das nicht in vier Wochen – ungefähr, so ungefähr?

Kirsten(lächelt): Ungefähr.

Klarmann: Aber das könnt' dann so grad zu Weihnachten...

Spielleiter: Ihr – Männer! Wie lange reden wir schon davon! Thomas –!

Klarmann: Entschuldige, entschuldige.

Spielleiter: Wo ihr eure Gedanken habt! – *(plötzlich begeistert)* Ein Christkindchen! Stell dir vor, ein richtiges Christkindchen!

Klarmann: Sag ich doch! Sag ich doch! *(singt)* Ihr Kinderlein kommet... *(Spielleiter fällt ein)* o kommet doch all!

Beide lachen.

Spielleiter: Ein Christkindchen! Würd'st du dich freun?

Kirsten. Ja, und wie.

Spielleiter: Ein lockiges Christkindchen – in der Krippe!

Kirsten: Der Doktor... der Doktor kann's nicht genau sagen. Möglich ist es, sagt er – wer weiß...*(lächelt wieder)*

Klarmann: So ist das, vom Vater redet keiner. Und dabei wär's eine Meisterleistung – und nur Übung macht den Meister, was, Fritz, haha...

Spielleiter: Schatzi –!

Klarmann(tut gekränkt): Nichts darf man mehr sagen.

Spielleiter: Aber Schatzi...

Klarmann: Drauf anstoßen dürfen wir aber, oder? – *(lacht)* Na dann Prost! Auf das Meisterstück!

Helm zeigt an, daß er nichts zu trinken hat.

Klarmann: Macht nichts, *ein* Prosit reicht, du hast dein Teil getan. Prost!

Kirsten: Auf jeden Fall wird's ein kleiner Steinbock.

Spielleiter: Ein Junge? Soll's doch ein Junge werden?

Klarmann: Klaro, das erste muß immer...

Spielleiter: Was häkelst du denn? Darf ich mal sehen? – Das ist ja rosa... rosa! Bitte, zeig mal! – *(nimmt das Körbchen mit den Sachen, betrachtet sie kurz, springt dann auf und läuft zum Fenster)* O, wie süß! – Und so klein... so klitzeklein... solche Ärmelchen, nein! Und dies Mützchen, ach, ist das –! Thomas, schau doch nur – (hält es hoch) ist das nicht –! – (starrt entzückt auf die Sachen und wendet sie hin und her)* Nein, wie süß! Diese Handschühchen –! Und alles rosa! Ein Mädchen!

Kirsten(ist ebenfalls zum Fenster gegangen): Ja, ein Mädchen soll's sein, ein hübsches, liebes Dingerchen.

Spielleiter: Und dem Papa nachschlagen, Friedrich, ja?

Helm: Tja...

Spielleiter(zu Kirsten): Das ist so süß – sieh nur.

Kirsten: Es hat auch Spaß gemacht, ich konnt´ gar nicht aufhören.

Klarmann: Weißt du, manchmal bewundere ich euch.

Kirsten: Warum?

Klarmann: Na, soviel Mut.

Kirsten: Mut?

Spielleiter: Er meint, ihr und wir, wir sind nicht mehr...

Klarmann: Eben. Wir werden älter. Da kannst du nichts machen.

Kirsten(lacht): Du meinst Friedrich.

Klarmann: Haha... hast du das gehört?

Helm(grinst): Wir werden älter – sie auch.

Klarmann: Nicht doch, unsere Frauen doch nicht! Schau sie dir an!

Spielleiter(zu Kirsten, die er untergehakt hat): Daß er immer so übertreiben muß, nicht? Wer soll sich nach uns noch umdrehen? – Gut, wenn man andere so sieht, die... die...(kichert und tut verschämt, plötzlich) manchmal, wenn ich euch... ja, da mein´ ich manchmal, da hab´ ich schon so komische Gedanken, ich meine...

Klarmann: Was! Habt ihr das gehört! Ellen –!

Spielleiter: Manchmal, da denk ich halt so...

Klarmann: Schatzi, du –! Ich will Opa werden, und nicht... mein Gott!

Spielleiter: Ich mein´ auch nur. Jetzt, wo alles da ist, wär´s so leicht, ist es nicht so?

Klarmann: Je, da muß ich einen drauf nehmen. *(trinkt das Glas aus)*

Helm(fährt zum Getränkeschrank): Noch einen?

Klarmann: Den kann ich brauchen. *(geht zum Schrank, wo Helm ihm nachgießt und selber auch ein Glas trinkt)*

Spielleiter: Tu mal nicht so. Nicht, wie war das am Anfang, wo man nichts hatte und die Kinder noch dazu.

Kirsten: Es hat seine Vor- und Nachteile.

Spielleiter: Und es ist so leer, wo die Kinder aus dem Haus sind. Ich kann mich nicht dran gewöhnen.

Klarmann: Du hast bald deine Enkelkinder. Das gibt genug Leben. – *(zu Kirsten)* Euch war's auch leer geworden, oder?

Spielleiter: Du kannst fragen. – *(überlegt etwas)* Wie lange ist Dennis schon weg? Kommt er jetzt zu Weihnachten?

Kirsten: Ich... du weißt, die jungen Leute...

Klarmann: Klar, in dem Alter muß man sich die Sohlen ablaufen, haben wir alle gemacht. – *(zu Helm)* Wie lange ist er schon aus dem Haus?

Helm: Wie lange?

Kirsten: Kommt, was stehen wir herum, setzen wir uns! Komm, Ellen.

Klarmann: Ist bestimmt schon vier Jahre, oder?

Spielleiter: Ja, damals, als das... damals etwa, nicht?

Klarmann: Klar, Mann, sie wollen raus. Man muß sie ziehen lassen. – *(zu Helm)* Wohl bekomm's!

Spielleiter: Unsere kommen uns besuchen in der Schweiz. Heidi zu Weihnachten und Robert dann Silvester. Heidi ist mit ihrem Verlobten – kennt ihr ihn, nein? – ein reizender Mensch, so tüchtig und bescheiden – sie ist mit ihm in Österreich und Robert mit einem Freund im Schwarzwald.

Klarmann(steht neben dem Sessel des Spielleiters): Robert macht...

Spielleiter(sieht zu ihm hoch): Robert macht in den nächsten Tagen seine Prüfung, die mündliche. Dann ist er fertig.

Klarmann: Er...

Spielleiter: Gestern hat er angerufen, er ist ganz ruhig. Er macht das, sagt er, nicht, Liebling?

Klarmann: Lässig.

Kirsten: Ja, das ist schön. Hast du Milch, ja?

Klarmann: Er weiß, was er will. Er wußte das immer.

Spielleiter: Wie weit ist Dennis eigentlich? Ist er nicht bald fertig?

Kirsten: Nein, noch nicht. – *(will sich erheben)* Noch etwas Gebäck? Ist noch Gebäck –?

Spielleiter: Ah... dein Gebäck! Aber bitte, bleib sitzen, bitte! Es ist noch! – *(nimmt ein Stückchen und knabbert daran)* Köstlich! – Und jeder hat seinen schwachen Punkt, nicht... ich hatte schon zuviel davon, viel zuviel! Bleib nur sitzen! – Köstlich!

Klarmann: Ich sag´s immer, unser Mädchen kann alles.

Spielleiter: Ja, nicht... nicht? – *(kleine Pause)* Aber er läßt von sich hören, oder?

Kirsten: Wie? – Doch, doch, natürlich. Im Moment...

Klarmann: Wie du auch fragst! Warum soll er nicht von sich hören lassen?

37

Kirsten: Wahrscheinlich hat er eine neue Freundin, dann hört man nichts von ihm. Dann vergißt er alles – *(versucht zu lachen)* sogar uns.

Klarmann(lacht auch): Ja, die Weiberröcke! Immer dasselbe!

Spielleiter: Weiberröcke! Ihr... Ihr Kerle seid alle gleich dumm!

Klarmann: Fritz, hast du das gehört! Dumm sagt sie! Dumm!

Spielleiter(lacht): Wie verliebte Kater. – Kirsten, nicht? – Miau... miau...

Klarmann(lacht): Ha, dumm sagt sie!

Spielleiter (zu Kirsten): Laß nur, sein Geschwisterchen kommt er dann besuchen. Er freut sich sehr, nicht?

Kirsten: Sicher – er freut sich sehr... für uns... und für sich, für sich natürlich auch. Obwohl, der Altersunterschied...

Klarmann: Das ist klar. Er wird mehr so 'ne Art Onkel sein. Das ist logisch.

Spielleiter: Dann seid ihr über die Feiertage ja auch zusammen!

Kirsten: Ja, um die Feiertage rum, so genau... das heißt, wir... haben vor, wir wollen vielleicht – an die See, wenn alles gutgegangen ist, meine ich... für vierzehn Tage vielleicht.

Spielleiter: An die See? – Das macht nur, ich kann die Luft ja nicht so...

Kirsten: Doch, die Luft, das ist es. Die tut mir immer so gut – und Friedrich auch.

Spielleiter: Meine Bronchien, weißt du, die Bronchien...

Kleine Pause.

Spielleiter: Ach, und ihr nehmt Dennis dann gleich mit rauf?

Kirsten: Nein... nein. Wenn das klappt, dann braucht er nicht extra zu kommen. Wir besuchen ihn in Hamburg, und er kann sein – Schwesterchen da sehen.

Spielleiter: Aber Weihnachten ist Weihnachten, nicht?

Kirsten: Natürlich, wir müssen sehen.

Spielleiter: Weihnachten ist nur einmal im Jahr.

Klarmann: Weihnachten! Wenn ich die Kerze da sehe und den Kranz und die kahlen Bäume draußen – *(schüttelt den Kopf)* ich merk´ heute zum erstenmal, daß das Jahr bald wieder rum ist. – *(geht zum Fenster)* Wo die Zeit bleibt! – *(schaut hinaus)*

Spielleiter: Ja, wo die Zeit bleibt.

Klarmann(dreht sich um und kommt wieder näher, während Helm sich ein weiteres Glas eingießt): Wenn ich dran denke, wie das damals so lief, als ich anfing bei Wolf, im Versand – ha, alles manuell, in Spitzenzeiten achtzig Mann! Mußt du dir vorstellen, achtzig Mann! – Und jetzt – acht! Ganze acht! Ein Zehntel! Und das bei zwei Schichten! – *(schüttelt wieder den Kopf)* Da merkst du, wie die Zeit läuft.

Spielleiter: Ja, ja... nun fang nicht wieder mit deinen Automaten an oder was das ist.

Klarmann: Ja, alles wird besser, und wir werden älter, das ist das Dumme, aber auch ruhiger...*(zu Helm)* und das ist gut, was? – *(nimmt sein Glas)* Prost, Daddy! – *(lacht)* Dich scheint der Hafer ja noch zu stechen!

(betrachtet ihn) Ah, ihr seid sowieso besser dran. Du hast keinen, der dir im Nacken sitzt, na, und wie´s mit den Lehrern steht, da – *(deutet auf Kirsten, zum Spielleiter)* das blühende Leben, nicht?

Spielleiter: Ja, nicht, wie recht du hast. – *(betrachtet Kirsten)* Daß das am Ende nicht ein Junge wird, Kirsten.

Klarmann: Wieso?

Spielleiter(beugt sich vor, vertraulich): Sagt mal, habt ihr das vom... Wolf schon gehört? – Nein?

Klarmann: Was hat das mit dem Aussehen zu tun?

Spielleiter(kurz): Jungs machen hübsche Muttis. – *(eifrig)* Noch nicht? Na – *(setzt sich zurecht)* den haben sie neulich in... wo war das noch – *(sieht Klarmann an)* mit der... wo –?

Klarmann: Wer weiß, was da dran ist.

Spielleiter: Ist auch egal. Mit der Rietmüllerschen! – *(wartet kurz auf eine Reaktion)* Schade, die kennt ihr nicht, seine Sekretärin – *(steht auf und zeigt affektiertes Benehmen)* so eine... die Nase so hoch... *(bewegt sich)* und wie die geht, wie die geht, nein, man muß sich bald schämen, als Frau, mein ich – na, ja, und wie´s dann so ist, die ist jetzt ausgezogen, die Wolf, und man sagt, sie will die Scheidung einreichen. – Ja, das Geld! Ich sag´s immer, es ist das Geld, es verdirbt den Charakter. Andrerseits, wo die Liebe...

Klarmann: Na, na...

Spielleiter: Liebe, ja. Der meint´s ernst diesmal, der Wolf.

Helm lacht.

Spielleiter(erstaunt): Was ist?

Helm: Haha...

Spielleiter: Was hast du?

Helm(winkt ab): Ist gut.

Klarmann: Warum lachst du?

Spielleiter: Wir wollen auch lachen, komm – *(lacht)* was ist?

Helm: Ist nicht zum Lachen.

Klarmann(lacht ebenfalls): Ha, lacht selbst und sagt...

Spielleiter: Nicht kneifen, komm!

Helm: Das ist ein großes Wort, oder?

Klarmann: Was? – Was für ein Wort? – Scheidung?

Spielleiter: Liebe. – Er meint Liebe.

Klarmann: Liebe?

Helm: Liebe.

Klarmann: Ja? – Warum?

Helm(lacht wieder): Der und Liebe.

Spielleiter: Warum nicht?

Helm: Der liebt seine Firma.

Spielleiter: Ja?

Helm: Ja.

Spielleiter: Und –?

Helm: Nichts ‚und'.

Klarmann: Fritz, alle...

Helm: Ja, ja, alle! Und die Sekretärin ist ein Teil seiner Firma, das ist alles.

Spielleiter(belustigt): Seht ihn euch an, genau wie früher.

Klarmann: Was das wohl soll! – Ich sage dir, alle...

Helm(grinst): Ja, alle –! Siehst du, das ist nicht von mir, ich hab´s irgendwo gehört oder gelesen, aber ich glaube, es stimmt: die meisten wissen gar nicht, was das ist.

Klarmann: Was?

Helm: Es sind nur wenige, die´s wirklich wissen.

Spielleiter. Was? – Liebe?

Helm: Und für die meisten davon... *(bricht ab)*

Klarmann: Nein, nein... *(zu Kirsten)* Weißt du, was er meint?

Kirsten(mit ihrer Handarbeit beschäftigt): Was soll er meinen? Ich – weiß nicht.

Spielleiter(wieder belustigt): Der alte Fritz, nicht? – Genau wie früher!

Helm(beugt sich vor): Siehst du, Liebe – Liebe... *(winkt ab, lehnt sich zurück und lacht wieder)* Der und Liebe!

Klarmann: Mann, die Leute sind, wie sie sind, du machst sie nicht anders – normale Menschen eben.

Helm: Ja, normale Menschen – *(grinst wieder)* in etwas unnormalen Zeiten, was?

Spielleiter: Nun laßt das auch! – *(zu Helm, wieder lachend)* Du bist immer noch so – so... *(sucht nach einem Wort)* wie früher. – *(zu Kirsten)* Ist er öfter so? – Nur manchmal, ja? – Wie früher! Na, auf jeden Fall, mit dem Wolf, was ich euch sage, das gibt ´ne Scheidung.

Klarmann(in gespieltem Schrecken): Hör auf! – Es wird wieder philosophisch! – *(lacht; zu Helm)* Auf die Philosophie!

Spielleiter(zu Kirsten): Und du meinst, daß er nicht direkt kommt?

Kirsten: Wie –?

Spielleiter: Dennis – wenn das Kleine kommt, meine ich.

Kirsten: Ja, ich... *(zu Helm hinüber, der sich wieder eingegossen hat)* Trinkst du nicht zuviel?

Klarmann(lacht): Paß auf, Fritz, da zählt jemand mit.

Spielleiter(zu Kirsten): Ja, laß ihn auch, wenn er möchte.

Helm(hebt das Glas): Auf meine Fürsprecher!

Kirsten: Aber – er trinkt schon länger nichts... überhaupt nichts.

Klarmann. Was! Das ist ja ganz neu!

Spielleiter: Bei dem Wetter! Das ist richtiges Erkältungswetter.

Kirsten: Je nun, wenn ihr...

Spielleiter: Ja, laß ihn nur. – Wenn ich´s mir überlege – was hast du da, Friedrich?

Helm: Himbeergeist.

Spielleiter: Himbeergeist? – Was meinst du, Liebling?

Klarmann: Na klaro.

Spielleiter: Hihi... ja?

Klarmann: Mach ruhig, kann nicht schaden.

Spielleiter: Schatzi, meinst du?

Klarmann: Ich hol dir einen. *(geht zu Helm)*

Spielleiter: Ist das nicht zu stark, Himbeergeist? Hu, nachher bin ich – da bin ich – *(kichert)* beschwipst.

Klarmann. Ja, so ist´s richtig. Eisekalt müssen die Sachen sein, danke. *(geht mit dem Glas zum Spielleiter)*

Spielleiter: Ich weiß nicht.

Klarmann: Das ist gut, glaub mir. *(gibt ihm das Glas)*

Spielleiter: Liebling, ja?

Klarmann: So, runter damit, auf einen Zug! Das muß dich schütteln, richtig schütteln. Die kleinen bösen Tierchen, die lieben´s gemütlich, die mögen die Kälte nicht, ha.

Spielleiter(riecht am Glas): Wie Himbeeren... *(zögert)* richtig wie... *(wirft einen ungläubigen Blick auf Helm)* wie Himbeeren... *(stürzt das Glas auf einen Zug herunter, erstarrt für einen Augenblick, holt dann tief Luft, springt hoch, wirft das Rollenbuch auf den Tisch, mit größter Empörung)* Gero –!

Gero(hat bei der ersten Reaktion des Spielleiters bereits sein Gesicht verzogen. Während Lilli und Peter verblüfft aufsehen, unschuldig): Ja?

Spielleiter (wie vorher): Gero –!

Lilli: Was ist los? – *(zu Peter, der sich abwendet und versteckt lacht)* Peter!

Spielleiter(eilt auf Gero zu): Die Flasche! Wo ist die Flasche?!

Lilli(fängt zögernd an zu lachen, zu Peter): Hat er... hat er –? – *(Peter nickt)* Ja... ja? *(lacht laut heraus)*

Spielleiter: Das ist traurig – traurig! Und ihr lacht! – *(zu Gero)* Wo ist die Flasche? *Deine* Flasche!

Gero ist aufgestanden, zum Schrank gegangen und reicht ihm eine Flasche.

Spielleiter(öffnet sie schnell, riecht daran): Nein, nein – wo ist sie? – Wo? – *(nimmt verschiedene Flaschen aus dem Schrank und riecht daran)* Nein! – Nein! – Wo? – Ah, hier! Hier! – *(hält eine Flasche hoch)*

Gero: Was ist damit?

Spielleiter: Was – was damit ist!? – Gero, ich frage dich!

Gero(schnell): Ich hab´ aus der andern getrunken, aus der da!

Spielleiter: Gero –!

Gero: Ich – weiß nichts.

Spielleiter: Du –! *(ruhiger)* Soo... *(verschränkt die Arme auf dem Rücken und geht einige Male hin und her)* Dann – machen wir weiter.

Gero: Wie?

Spielleiter: Weiter. – Setz dich in deinen Stuhl.

Lilli: Weiter?

Gero(läßt sich zögernd nieder): Gut... weiter.

Spielleiter(schnell dicht vor ihn hin, beugt sich herunter): Hauch mich an!

Gero(dreht den Kopf zur Seite): Das ist albern, nicht?

Spielleiter: Hauch mich an!

Gero schüttelt den Kopf.

Spielleiter: Hauch mich an! – *(Gero pustet ihn mit geschlossenen Lippen mehr durch die Nase an)* Richtig! – *(Gero wiederholt den Vorgang)* Mach den Mund auf! – *(Gero haucht ihn an)* Oooo... *(Spielleiter weicht zurück, wankt zu einem Sessel und fällt hinein)*

Gero(vorwurfsvoll): Ich hatte – ein Bier... gestern abend. Darf man das nicht?

Lilli und Peter lachen los. Der Spielleiter wirft ihnen einen entsagungsvollen Blick zu, erhebt sich, holt die Flasche und stellt sie mitten auf den Tisch.

Spielleiter: Weiter! – Da, wo wir aufgehört haben. – *(nimmt sein Rollenbuch und setzt sich. Sein Spiel wirkt anfangs noch steif. – Tut, als rieche er an einem Glas)* Wie Himbeeren. Richtig wie Himbeeren. *(macht die Gebärde des Trinkens und schüttelt sich)*

Puuh... Ich glaub´, das war das Richtige für den Nachhauseweg. Was meinst du, äh, Liebling?

Klarmann: Klar, es wird dämmerig. – *(nimmt sein Glas, um auszutrinken)*

Spielleiter: Diese dunklen Novembersonntage, wie ich die liebe. Wenn man so in Ruhe über sich nachdenken kann... und über das Jahr, das bald vorüber ist und überhaupt...

Kleine Pause.

Kirsten: Kennt ihr Rolf noch?

Spielleiter: Rolf?

Kirsten: Nein, ihr kennt ihn nicht so – Friedrichs Freund... von damals.

Klarmann: Ah, sein Studienkollege.

Kirsten: Ja.

Klarmann: Was ist mit ihm?

Kirsten: Er ist gestorben.

Spielleiter: Ach, Rolf? – Wann?

Kirsten: Vorgestern.

Spielleiter: Der Rolf, der damals...

Kirsten: Ja.

Klarmann: Ein Unfall?

Kirsten: Krebs.

Klarmann: Krebs. – Aber er kann doch auch erst...

Kirsten: Achtundvierzig – achtundvierzig war er.

Kleine Pause.

Spielleiter: Ja, so geht´s. – Wir treten ja nun auch bald in den Herbst unseres Lebens, sozusagen, trotzdem – ist es nicht eine schöne Zeit? Meint ihr nicht auch?

Klarmann: Ja, die Ernte ist eingefahren, man kann zufrieden sein. – *(lacht)* Alles hat seinen Platz, nicht?

Und Hauptsache, mit der Gesundheit stimmt's. Nicht, daß es einem so... na, wie dem Rolf geht, meine ich. – Achtundvierzig!

Kleine Pause

Spielleiter: Das war schön, daß ihr wieder zurückgekommen seid. Da oben im Norden, da gehört ihr gar nicht hin. Und hier habt ihr's gut getroffen, mit dem Haus, meine ich.

Kirsten: Doch, es ist schön. Die Lage...

Spielleiter: Und so praktisch, ganz behindertengerecht, äh... Friedrich kann sich überall bewegen und braucht keine Hilfe, meine ich. – Ach, wenn man fürchten muß, anderen eine Last zu sein, das ist das Schlimmste. – *(erhebt sich)* Ja, ja, dann laß uns. Du bist schon ganz unruhig, Schatzi, nicht? Ich seh's dir an, deine langen Schwarzen, ja ...*(lacht und geht zur Tür, bleibt stehen)* Unser Doktor Asmus, den kennt ihr noch nicht, der ist neu hier, also der meint, Thomas muß mit dem Rauchen aufhören. – *(geht weiter)* Und Zigaretten überhaupt nicht mehr.

Klarmann(mit hinaus): Schlimme Zeiten, schlimme Zeiten.

Man hört ihr Lachen. Gleich darauf erscheinen sie wieder. Klarmann tut, als helfe er dem Spielleiter in einen Mantel, und zieht sich dann selbst an.

Spielleiter(währenddem): So... habt vielen, vielen Dank. Es war so schön bei euch – *(zu Kirsten)* und dein Kaffee! – Nein, ganz ausgezeichnet, ein richtig schöner Advent. Und das Gebäck! Du mußt mir unbedingt das Rezept geben, hörst du, so ein Gebäck!

Kirsten(gleichzeitig): Danke... danke... nein, du übertreibst... gerne, gerne – ah, du übertreibst!

Klarmann: Und laßt euch mal sehen!

Kirsten deutet erklärend auf sich.

Klarmann: Trotzdem, trotzdem.

Spielleiter: Ja, wie wär´s mit nächstem Sonntag?

Klarmann: Klaro, nächsten Sonntag! Na, Fritz, wie wär´s?

Helm(zeigt auf Kirsten): Abwarten.

Spielleiter: So weit ist es noch nicht, als Frau sieht man das.

Klarmann: Also!

Helm: Wir könnten anrufen.

Kirsten: Ja, wir rufen an, wenn nichts dazwischenkommt.

Klarmann: Was soll dazwischenkommen?

Kirsten: Was wohl!

Spielleiter(schüttelt den Kopf): Schatzi –!

Klarmann(geht zu Helm): Also, dann mach´s gut und besten Dank – *(lacht)* für die warme Stube – *(gibt ihm die Hand)* und ´nen schönen Sonntag noch!

Helm: Ebenfalls.

Kirsten(da er sich auch von ihr verabschieden will): Ich bring euch zur Tür.

Spielleiter(ist an Helm herangetreten, der ihm wieder schnell die Hand reicht): Tschüs, mein Guter, weiter alles Liebe für dich! Tschüs.

Helm: Guten Weg.

Spielleiter: Danke, danke. – Und das hier – *(deutet auf Helms Beine)* das wird schon wieder. Hast du noch irgendwie Schmerzen?

Helm schüttelt den Kopf.
Spielleiter: Merkst du gar nichts?
Helm(grinst): Wie ´n Frosch.
Klarmann lacht wie über einen Witz. Spielleiter schaut erst ihn, dann Helm fragend an.
Helm: So einer, wie man ihn in´s Weckglas setzt.
Spielleiter: Ah...
Helm: Ich merke, wenn´s einen Wetterumschwung gibt.
Spielleiter(lacht befreit): Ach, so was...
Klarmann(lacht ebenfalls): Und?
Helm: Was?
Klarmann: Ändert sich was? Morgen?
Helm: Morgen gibt´s Schnee.
Klarmann: Was? – Ende November?
Spielleiter(tut, als schnuppere er): Da liegt was in der Luft, das kann gut sein.
Klarmann(schnuppert ebenfalls): Ja, ist möglich.
Spielleiter: Komm, dann woll´n wir, eh´s anfängt. – *(alle bis auf Helm, der weiter grinst, lachen)* Tschüs... tschüs! – *(im Hinausgehen)* Kirsten, wenn du Dennis eine Weihnachtskarte schickst – tschüs! – oder ein Päckchen, alles Liebe von uns, ja – *(an der Tür)* tschüs! – *(läuft plötzlich, nach einem Blick auf Helm, zum Tisch, greift die Flasche, eilt zur Tür zurück)* tschüüs! – Alles Liebe!
Spielleiter und Klarmann im Flur, durcheinander
Spielleiter: Das war ja so nett!
Klarmann: Denkt dran, nächsten Sonntag!
Spielleiter: Ich hab mich so gefreut! – Wir sehen uns!

Klarmann: Ja, telefoniert rechtzeitig!

Spielleiter: Und kommt auch!

Klarmann: Tschüs!

Spielleiter: Tschüüs!

Die Tür fällt ins Schloß.

Helm blickt auf die Uhr und schüttelt den Kopf, schaut dann vor sich hin. Kirsten kommt herein, steht einen Moment, holt tief Luft und geht zum Tisch, um das Geschirr zusammenzuräumen; hält plötzlich ein)

Lilli(rückt das Kissen zurecht): Nein, das ist... das ist mir –! Das blöde Ding! – *(zerrt daran)* Das hält einfach nicht!

Gero(lacht): Du siehst gut damit aus – Mama Lilli!

Lilli(verärgert): Das rutscht immer weg! – *(zieht das Kissen hervor)* Ich will nicht mehr. – *(wirft es aufs Sofa und setzt sich in einen Sessel)*

Gero(steht auf): O Gott...

Spielleiter(erscheint; verdutzt): Lilli, was ist? – Was machst du? – *(sie antwortet nicht)* Lilli, bitte! – *(sie nickt zum Kissen hin)* Lilli, du warst großartig damit, so – natürlich.

Lilli: Nein!

Spielleiter: Doch, glaub mir.

Lilli: Nein.

Spielleiter: Warum nicht?

Lilli: Es hält nicht.

Spielleiter(legt die Hand auf die Augen): Ooh...

Lilli: Morgen hab ich was anderes an.

Gero(streckt sich): Was ist – kleine Pause?

Spielleiter(erschüttert): Pause?

Gero: Ich...

Spielleiter: Du redest von Pause!

Gero: Ich...

Spielleiter: Du –!

Lilli: Es wär´ nicht verkehrt.

Spielleiter: Wie?

Lilli: Ich muß mich konzentrieren.

Spielleiter schüttelt den Kopf

Lilli: Neu konzentrieren.

Spielleiter(flehend): Kinder, nicht doch – *(wirft einen Blick auf die Uhr)* die Abendvorstellung – Lilli, die Zeit, wir müssen neu aufbauen – Gero... Kinder!

Lilli(springt auf, plötzlich strahlend, auf ihn zu): O, du warst – wunderbar, ganz phantastisch! – *(fällt ihm um den Hals und lacht)* Phantastisch! – Ich... ich mußte mir immerzu… das Lachen verbeißen! – *(läßt ihn los und imitiert ihn)* Nein, dein Gebäck! Du mußt mir unbedingt das Rezept geben, hörst du, so ein Gebäck!

Spielleiter(lächelt glücklich): Lilli... ja?

Lilli: Ja! So... lustig!

Spielleiter: Fünf Minuten, Kinder, nicht mehr. – Fünf Minuten.

Gero(umfaßt seinen Kopf mit beiden Händen, blickt dankbar empor und ruft): Pause! – *(streckt sich wieder)*

Lilli, immer noch lachend, und der Spielleiter gehen nach draußen.

Als die Tür zu ist, schaut Gero sich um, begibt sich zum Getränkeschrank und nimmt sein Glas. Er geht zu einem anderen Schrank, sieht sich wieder um und langt aus einem Winkel eine Flasche hervor, füllt schnell das Glas und trinkt es aus. Die Flasche mit dem Arm an den Körper gedrückt, schlendert er zum Getränkeschrank und läßt sie darin verschwinden. Dann geht er vor sich hin pfeifend ab.

Zweiter Aufzug

Eine gute Stunde später. Die Vorhänge sind zugezogen, das Licht ist eingeschaltet. Helm liest wieder Zeitung, Kirsten sitzt ohne Kissen unter dem Pullover in einer Sofaecke und häkelt. Dann läßt Helm die Zeitung sinken, fährt zum Getränkeschrank, trinkt ein Glas und kommt zurückgefahren.

Kirsten(hat aufgesehen, verfolgt ihn mit ihren Blicken): Soll das wieder losgehn – wie am Anfang?

Helm(winkt ab): Aah...

Kirsten: Du warst ab davon.

Helm zuckt die Schultern und liest wieder. Kirsten schaut ihn noch einen Moment an und häkelt weiter.

Kirsten: Warum hast du nicht weitergehört?

Helm(winkt wieder ab, liest noch ein wenig, blättert dann in der Zeitung und legt sie schließlich beiseite; denkt nach): Das falsche Aas.

Kirsten: Wie?

Helm: So ein Aas.

Kirsten: Wer?

Helm: Wer wohl?

Kleine Pause

Helm: Diese Kuh.

Kirsten(blickt auf): Ich hab´ mich richtig gefreut, daß sie gekommen sind.

Helm: Ja, ihr mit eurem Weibertratsch.

Kirsten: Sie haben recht, wir kommen wenig raus.

Kleine Pause.

Kirsten(häkelt wieder): Sie macht sich Sorgen um dich.

Helm: Schön.

Kirsten: Sie meint, du wirkst – deprimiert.

Helm(lacht kurz auf): Wenn ich die sehe, möcht´ ich ´nen Strick nehmen, weiß Gott.

Kirsten: Und du sollst mal zu diesem...

Helm: Das Schandmaul.

Kirsten: Zu diesem Doktor gehen, wie heißt er noch – dieser neue?

Helm: Die soll zum Teufel gehen und ihr Doktor von mir aus mit. Wenn die mir nicht den Tag versaut, brauch ich keinen Doktor.

Kirsten: Trotzdem – wir sollten versuchen, öfter raus- zukommen.

Helm: Ja, so wie die.

Kleine Pause.

Helm: Die blanke Neugierde treibt die um. Wie´s so steht überall, ob´s was zu tratschen gibt, und über an- dere herzuziehn. Wenn der all ihre Falschheit in den Hals zurückschlägt, dann erstickt sie dran. – Depri- miert –! Von so einer Kuh ist das ein Kompliment!

Kirsten(lacht etwas): Ah, du bist wütend auf sie we- gen der Musik.

Helm(ahmt nach): „Jetzt erkenn ich´s – das ist doch... das ist...“ So was Dämliches gibt´s nur einmal.

Kirsten: Doch, ich hab mich gefreut.

Helm: Aah... (*nimmt wieder die Zeitung*)

Kirsten: Anfangs wenigstens. – (*hört auf zu häkeln und fällt in Gedanken*) Ob die... irgendwie –? – Könn- te das sein?

Helm: Was könnte sein?

Kirsten: Die machte so – Anspielungen.

Helm zuckt die Schultern.
Kirsten: Sie fing immer wieder an.
Kleine Pause.
Kirsten: Was meinst du?
Helm: Weiß nicht.
Kirsten: Was denkst du?
Helm: Ist nicht mein Problem.
Kirsten: Nicht dein Problem.
Helm: Nein.
Kirsten: Und wem seins ist es?
Helm: Nicht meins.
Kirsten: Und wer wollte da oben weg?
Helm: Ich.
Kirsten: Ach!
Helm: Ja.
Kirsten: Schön, daß du dich erinnerst.
Helm: Ich erinnere mich.
Kirsten: Dann weißt du, daß du weg wolltest?
Helm: Ja.
Kirsten: Und da war´s noch dein Problem?
Helm: Ja.
Kirsten: Und jetzt?
Helm(läßt die Zeitung sinken): Ich wollte weg – aber nicht hierhin zurück. Das wolltest du.
Kirsten: Und?
Helm: Ich hab dir gleich gesagt, hier kennen uns noch zu viele und irgendwie... na, ja, und dann sind wir wieder da, wo wir da oben waren.
Kleine Pause.
Kirsten(drängend): Ja, aber sag –!

Helm: Ich sage dir, die ist ein falsches Aas, mehr weiß ich nicht.

Kirsten: Und was meinst du?

Helm: Die denkt, sie kann ihre miese Erbärmlichkeit über dem Unglück anderer vergessen. – *(schweigt etwas)* Ich merk das doch, wie die genießt, mit wahrer Lust genießt, mich hier in der Karre sitzen zu sehen, und dazu dies... Friedrich hier und Friedrich da! – *(ahmt wieder nach)* „Hast du noch Schmerzen? – Ach, wenn man fürchten muß, anderen eine Last zu sein..." Scheinheiliges Stück!

Kirsten(schüttelt den Kopf): Aber woher –?

Helm: Weiß ich nicht. Irgendein Zufall, ich sag´s ja. Vielleicht ahnt sie nur, daß was nicht...

Kirsten(nickt): Darin war sie immer groß.

Helm: Eben.

Kirsten: Die hat´s immer mitgekriegt – Kunststück, hat ja jeder.

Helm: Ganz recht. – Nur... das ist was anderes, nicht?

Kirsten: Meinst du?

Helm: Ich weiß, was du sagen willst, lassen wir das lieber. – *(blättert in der Zeitung, während Kirsten wieder anfängt zu häkeln)* Was für ein Trottel der ist. – *(schüttelt den Kopf)* Blöd war er immer, aber was die aus dem gemacht hat. – „Schatzi –!"

Kirsten: Die verstehen sich.

Helm: Ja, da haben sich die Richtigen gefunden, einer so dämlich wie der andere.

Kirsten: So anspruchsvoll wie du...

Helm: Ja, ja – und der war mal der Beau hier, nicht? Die kleinen Mädchen himmelten den nur so an, den süßen Jüngling mit seinem Blondschopf – Blondie, ja – *(lacht)* Blondie, haha, Blondie! Ho, der hatte genau das, was man braucht, um anzukommen bei euch Weibern – möglichst hübsch und möglichst dämlich. Das mögt ihr. Das entspricht zu sehr dem, was die meisten von euch selber sind, obwohl – *(wiegt den Kopf)* mit der Schönheit... *(rollt zum Getränkeschrank)* Haha, der hat Karten ausgegeben damals, Berechtigungskarten, um den Andrang zu regeln, nicht? – *(trinkt ein Glas und denkt etwas nach)* Welche Nummer hattest du denn – Schatz? Oder hattest du einen – Joker? Weil du′s – *(imitiert Klarmann)* „ich sag′s immer, unser Mädchen kann alles."

Kirsten(erhebt sich): Hör mal, du bist wütend – gut. Aber fang nicht damit an, bitte. *(geht in die Küche)*

Helm: Hast recht, ′ne dumme Frage.

Kirsten(kommt zurück): Es sei denn, du willst, daß der Tag ganz danebengeht. – *(setzt sich wieder)* Trink lieber nicht so viel.

Helm: Ja, ja. *(sieht vor sich hin)*

Kirsten(betrachtet ihn und überlegt, zögernd): Wär′ das... wär′ das nicht –? Was meinst du, wär′ das nicht eine gute Idee? – *(Helm sieht nicht auf)* Ich hab das vorhin nur so – na, die mit ihrer Fragerei, das fing an mich nervös zu machen... aber – an die See, für ein paar Tage an die See! – Wenn alles vorbei ist und ich auf den Beinen bin – an die See!

Helm(schüttelt den Kopf): So einen Trottel machst du nicht aus mir.

Kirsten(lebhaft): Was hältst du davon? Ich würd′ mich so freuen! - Friedrich!

Helm(schaut auf): Hm?

Kirsten(springt auf, zu ihm hin): Das ist mir einfach so in den Kopf gekommen, vorhin – ich weiß gar nicht, wie ich drauf kam, aber stell dir das vor – *(bleibt vor ihm stehen)* An die See! Ende Januar – oder Anfang Februar, je nachdem. Die Sonne ist wieder länger da – und schon wärmer und die frische Luft, die Seeluft! – *(legt ihre Hände auf die Lehne des Rollstuhls, beugt sich vor, so daß beider Köpfe auf gleicher Höhe sind, blickt ihn von dem Gedanken begeistert an)* Denk doch nur! Wir könnten uns so schön erholen! Spazierengehen – auf der Promenade oder am Hafen, ach, die Gerüche da – Fisch und Tang und Salz, alles durcheinander! – Ja, und wir mieten uns ein Häuschen, ein kleines Häuschen, das ist nicht teuer zu der Zeit, und du kannst lesen, soviel du willst, und wegen der Kleinen – ich sprech´ mit dem Doktor, das geht sicher, das wäre so... und dir würd´ es auch gut tun, Friedrich –!

Helm(betrachtet sie länger abwesend, wendet den Kopf zur Seite und schüttelt ihn langsam): Da geh ich nicht hin.

Kirsten(verliert ihren vorherigen Ausdruck, richtet sich auf, resigniert): Ach, du... *(blickt ihn dann zweifelnd an, hoffnungsvoll wieder):* Was? – Was meinst du? – An die See! – Ans Wasser!

Helm: Was?

Kirsten: An die See!

Helm: An die See?

Kirsten: Ja, was hältst du davon?

Helm: Wann?

Kirsten: Januar... Ende Januar, Anfang Februar, ja?
Helm: Mal sehn.
Kirsten: Sag ja!
Helm: Warum nicht?
Kirsten: Bitte!
Helm: Aber da kriegen mich keine zehn Gäule hin.
Kirsten: Komm!
Helm: Da setz ich mich lieber vor die Wand und starr die an – zwei Stunden lang. Das ist unterhaltender.
Kirsten: Wo? – Was denn?
Helm: Nächsten Sonntag.
Kirsten(geht von ihm weg): Meinst du, ich?
Helm: „Wir sind in den Herbst unseres Lebens getreten, sozusagen...“
Kirsten: Mir reicht's auch für heute. – *(setzt sich und denkt etwas nach)* Hab ich mich – komisch angestellt?
Helm: Zum Schluß.
Kirsten: Wie?
Helm: Als hätt'st du 'nen Krückstock verschluckt.
Kirsten: So ein Luder. Die wollte mich irgendwie...
Helm: Die doch nicht.
Kirsten: Und wenn – ich meine, wenn sie wirklich...
Helm: Dann ist das, als hätt's jemand auf dem Marktplatz ausgeschrieen.
Kirsten(nickt): Ja, sie hat ein Schandmaul.
Helm: Na, na...
Kirsten(überlegt wieder, besorgt): Und was dann?
Helm: Ich hab's dir gesagt, das ist dein...
Kirsten(auffahrend): Herr Gott, nun nimm endlich...
Helm(ruhig): Er ist dein Sohn.

Kirsten: Ja, mein Sohn. – Und *wir* sind verheiratet!
Helm: Leider.
Kirsten wirft ihm einen kurzen Blick zu und nimmt wütend ihr Häkelzeug wieder auf. Helm fährt zur Bücherwand, nimmt das eine oder andere Buch heraus, kehrt mit einem zurück, nimmt die Zeitung noch einmal zur Hand und wirft sie mit einer verächtlichen Bewegung auf den Tisch.
Helm(mehr für sich): Geschmiere – immer dasselbe Geschmiere!
Kirsten: Und du wiederholst dich – zu oft!
Helm: Ja, unser lieber Blondie ist origineller.
Kirsten: Seit wann ich das höre! – Geschmiere, nichts als Geschmiere! - Der tägliche Krankenbericht der Welt! Nichts als Irrsinn! Warum les´ ich so einen Irrsinn! – Und darum schreibst du selbst...
Helm(ärgerlich): Ich weiß, ich weiß.
Kirsten: Und Thomas...
Helm: Der Holzkopf!
Kirsten: Der ist...
Helm: Ein Holzkopf! Ganz recht! – Willst du vielleicht nicht wahrhaben, aber guck ihn dir an: rutscht auf den Knien rum vor Ehrfurcht und glaubt, da hätte sich irgendwas geändert, mit ihm selbst oder um ihn rum – ´nen Dreck hat sich´s! – Ob achtzig oder acht, am Ende liegen die alle in ihrer Kiste und grinsen blöd, und keiner sieht´s ihnen an, wie sie da reingekommen sind – ob mit oder ohne Automaten. Diese Krüppel! Bilden sich ein, mit all ihrem Mist, den sie sich einfallen lassen, kommen sie selbst auch weiter – als Mensch sozusagen! Ha –! *(schweigt und sein*

Blick fällt auf die Krücken; langsam rollt er hin und nimmt eine auf) Nimm die denen weg, dann wirst du sehen, wie schnell die auf dem Bauch landen, diese Schreihälse! – Ho, wenn die erst merken, daß die Dinger allein laufen, sich selbständig gemacht haben, ihnen davonlaufen! Hoho... *(legt die Krücke quer über die Armlehnen des Rollstuhls, betrachtet sie und fällt wieder in Gedanken; dann für sich)* Dir kam es recht.

Kirsten(ebenso): Thomas ist gar nicht so verkehrt – im Vergleich mit ihr.

Helm: Du hast es gewollt.

Kirsten: Er ist nicht so wie sie.

Helm: Du hast gebetet.

Kirsten: Und es kann nicht jeder...

Helm: Hast du, oder?

Kirsten(sieht auf): Was? – Was hab ich?

Helm: Gebetet.

Kirsten: Gebetet? – Wann?

Helm: Damals.

Kirsten: Wofür?

Helm hebt die Krücke.

Kirsten: Gebetet?

Helm: .Daß es passiert.

Kirsten: Du bist –! Ich?

Helm: Ja.

Kirsten: Du bist doch –!

Helm: Weißt du´s nicht mehr?

Kirsten: Was soll ich wissen?

Helm: Du hast das gesagt.

Kirsten: Hör auf zu trinken.

Helm: Ich erinner´ mich – genau, ganz genau.

Kirsten: Ich nicht.

Helm: Du hast es öfter gesagt.

Kirsten: Was hab ich gesagt?

Helm: Du hättest am liebsten, daß mir was passiert, so richtig, so, daß du mir noch den Hintern – na, ja, so, daß ich dir nie mehr weglaufen kann.

Kirsten(senkt den Blick): Ich... das hab ich –?

Helm: Ja.

Kirsten(sieht wieder auf): Wann?

Helm: Eh wir – verheiratet waren.

Kirsten: Wann da?

Helm: Wann? Weiß nicht. – *(denkt nach und verliert sich zunehmend in der Erinnerung)* Wann? – Wann? – Zu Anfang... ziemlich zu Anfang – *(in sich hinein)* Ja – am Anfang... wann sonst – ich hab... es war... wir waren – am Anfang – ja – *(starrt vor sich hin und schüttelt den Kopf)* Mein Gott – was ist da –? Man kennt sich nicht.

Kirsten: Hör auf.

Helm(wie vorher): Mein Gott...

Kirsten(steht auf): Bitte, hör auf.

Helm(verharrt noch etwas in seiner Abwesenheit, dann schaut er langsam auf. Blickt zu Kirsten, die zu einem Schrank gegangen ist, um ein Taschentuch zu holen; noch von seinen vorherigen Gefühlen bestimmt): Als du – als du hierhin kamst, vorhin, hier zu mir, da... da war mir für einen Augenblick – mir war ´s... wie früher, ganz kurz, und ich dachte, es ist nur... all das ist nicht gewesen, all die Jahre dazwischen und ich...

Kirsten(hat sich kurz über die Augen gewischt): Werd nicht sentimental.

Helm(ohne sie anzusehen, nüchtern): Wir durften nicht...

Kirsten: Trink nicht soviel!

Helm: Ja, es macht mich sentimental, aber trotzdem – so wie die Dinge standen, durften wir nicht mehr... *(rollt zum Getränkeschrank)*

Kirsten: Du wiederholst dich.

Helm(trinkt ein Glas und betrachtet sie): Warum haben wir trotzdem?

Kirsten: Was?

Helm: Geheiratet.

Kirsten: Was soll das?

Helm: Es scheint dir nicht zu gefallen, wenn ich das sage.

Kirsten: Ob du's sagst oder nicht, was ändert es?

Helm: Ist auch nur eine Feststellung, ein Resümee.

Kirsten: Hat nichts mit mir zu tun, ich weiß. Ich meine, ist nichts gegen mich, nichts Persönliches, nicht?

Helm: Nein.

Kirsten: Danke.

Helm: Also, warum?

Kirsten: Ja, warum?

Helm(blickt zu Boden): Ich – ich...

Kirsten: Ach!

Helm(sieht sie an): Ja.

Kirsten: Und ich?

Helm: Ich frag' dich. – *(da sie schweigt, schaut er vor sich hin und denkt nach)* Du hast mich doch gehaßt.

Kirsten: Was interessiert das noch.

Helm: Nicht?

Kirsten: Ich weiß nicht.

Helm: Du hast es gesagt.

Kirsten: Was ich alles gesagt habe.

Helm: Das hast du.

Kirsten: Warum fragst du dann?

Helm: Ob´s stimmt.

Kirsten: Warum grad heute?

Kleine Pause.

Helm: Ich hab was getrunken, ja.

Kirsten(zögert): Ich weiß nicht. – Vielleicht.

Helm(nickt): Sag.

Kirsten: Ich hab´s gesagt.

Helm: Ja, du hast es gesagt.

Kleine Pause

Helm: Hast du auch gebetet?

Kirsten(müde): Nein. Ich habe nicht gebetet.

Helm(nimmt die Krücke und tut, als prüfe er sie auf ihre Festigkeit): Ja – nun ist es aber so.

Kirsten(betrachtet ihn): Ja, nun ist es so.

Helm(grinst): Jetzt sitz ich hier in der... Karre.

Kirsten: Hör auf.

Helm: Und du denkst sicher, ich kann dir nicht weglaufen. – Denkst du doch, oder?

Kirsten: Das wär´ mir egal.

Helm: Du denkst bestimmt, allein kann der sich nicht über Wasser halten.

Kirsten: Ich hab noch nicht drüber nachgedacht.

Helm: So? – *(fährt auf sie zu)* Und auch sonst, der braucht mich.

Kirsten: Das wär´ mir jetzt egal.

Helm: Wie soll der allein zurechtkommen!

Kirsten: Jetzt machte mir das nichts mehr.

Helm: Jetzt?

Kirsten: Ja.

Helm: Wie meinst du das?

Kirsten: Wie soll ich´s meinen? – *Jetzt!* – So wie´s mal war... *(zuckt mit den Schultern)*

Helm: So meinst du das?

Kirsten: Wie sonst?

Helm: Nicht anders?

Kirsten: Herrje – wie?

Helm(nah bei ihr): Überleg mal.

Kirsten(ungehalten): Laß mich in Ruhe!

Helm: Sieh einer an. – *(fixiert sie)* Du – vergißt was.

Kirsten(ahnt, was er meint, drohend): Du –!

Helm: Du hast bald...

Kirsten: Du, ich sag dir –!

Helm: Bald Ersatz! Ah, *Ersatz* –!

Kirsten: Fang nicht damit an!

Helm(plötzlich laut): Aber ich will kein Kind!

Kirsten (ebenso): Das ist deine Sache!

Helm: Ich will keins haben!

Kirsten: Ja! – Von mir nicht!

Helm: Ein Kind!

Kirsten: Von mir willst du keins haben!

Helm: Ah... pfeif was drauf!

Kirsten: Ich bin´s nicht wert, von dir ein Kind zu kriegen, nicht?

Helm: Pfeif drauf!

Kirsten: Weil ich... *(erregt)* Du – du kannst zum Teufel gehen!

Helm: Ah –! Behalt's für dich! – *(ruhig, wobei Kirsten während des folgenden leise anfängt zu weinen)* Nein, da ist zuviel Dreck und Schleim und Blut und Scheiße drum herum, bis so 'n Wurm zum Menschlein wird – und wenn's dann kommt in diesen... Ramschladen! – Und das wär nicht schlimm – gut, aber die Umgebung bleibt. Da hat es sich zu sehr dran gewöhnt, das Menschlein... in seiner ersten Zeit. Die Umgebung braucht es, ein Leben lang. Immer dieselbe Scheiße, immer derselbe Dreck! Blut, Blut, überall Blut, pochendes, gieriges Blut und Schleim – Schleim... Schleim! – *(beugt sich vor)* So – das ist das Grundsätzliche von der Sache.

Kirsten: Du – du bist ja...

Helm: Wer will das verantworten!

Kirsten: Du bist wahnsinnig.

Helm: Und dann! – Fressen – fressen und fressen, daß sie aus der Haut platzen – Training für siebzig Jahre Allesfresserei!

Kirsten: Du...

Helm(lauter): Ich kann's nicht sehen.

Kirsten: Gib's doch zu, du bist... wahnsinnig.

Helm: Und je fetter das Balg, desto glücklicher lächeln sie – diese Kühe! Fett für ein erfolgreiches Leben!

Kirsten(schreit): Du Ekel! – Du widerwärtiges Ekel! Alles machst du – kaputt! Alles... alles... alles! Alles trittst du unter deine – dreckigen... *(bricht ab; leise dann)* Ich halt's – nicht mehr aus.

Helm(ungerührt): Und von dir will ich schon gar keins. – *(mit Abscheu)* So ein... so ein –! – So... und das ist das Persönliche. *(rollt zum Schrank)*

Kirsten(schluchzend): Ich halt das – nicht mehr aus. O Gott – nein. Was... was hab ich –? Wie kann man damit... ohne kaputtzugehn... wie? – *(schreit ihn an)* Warum hasse ich dich? Warum? – Das ist doch nur –! Man muß doch –!

Helm: Ja, man muß.

Kirsten: Wann hab´ ich angefangen damit... wann –? *(leiser, für sich)* Nein, ich kann nicht mehr – ich... *(schüttelt den Kopf)* Verachtung –! So viel...

Helm(höhnend): Ja, Verachtung!

Kirsten: Da ist man nichts mehr... es ist das Schlimmste.

Helm(wie vorher): Ja, das Allerschlimmste!

Kirsten: Nichts mehr... gar nichts – ohne jeden... *(schluchzt stärker)*

Helm: Ja, und das von dem, den du...

Kirsten(schreit wieder): Ich hasse dich!

Helm: Haha...

Kirsten: Ja, ich hasse dich.

Helm: Haß... Haß – das ist doch was, oder? Damit läßt sich´s leben. Da existiert man wenigstens noch, aber Verachtung, was –! *(sie weint still in ihr Taschentuch; er gießt sich ein Glas ein, trinkt und betrachtet sie)*

Kirsten(beruhigt sich allmählich): Du machst mich – nicht kaputt.

Helm: Ich? – Ich dich?

Kirsten: Du nicht.

Helm: Du willst kaputtmachen! Du willst mich... demütigen! Als ständige Provokation soll das vor mir rumlaufen, das arme Wurm, was!

Kirsten: Du sadistisches...

Helm(lauter): Weißt du überhaupt, was du tust! Hat dir das eine Mal nicht gereicht! – Ist dir ein Kaputter nicht genug!

Kirsten: Einer! – So was Kaputtes wie dich –!

Helm(verzweifelt): Ich will das nicht kaputtmachen! Was kann das dafür!

Kirsten: Du wirst es nicht kaputtmachen.

Helm(wie vorher): Es kotzt mich an, es kotzt mich an – seit langem! Ich will nicht kaputtmachen – ich will nicht, nur weil man selbst nicht kaputtgehen will, nur weil man sich – behaupten muß, in dieser Scheiße! *Muß* –!? Weile alle denken, sie müßten – weil die Regeln so sind – weil keiner kaputtgehn will, weil jeder versucht, seine dreckige Haut auf Kosten anderer zu retten! – *(bitter)* Das ist ein Spiel, so scheint´s... o, nein! – Und wenn, dann ist´s ein furchtbares Spiel, ein grausames, und ich will´s nicht mehr mitmachen – ich hab die Schnauze voll davon! – Verstehst du das? – Voll, voll bis obenhin!

Kirsten: Ja, das ist deine Philosophie – kaputtmachen und kaputtgemacht werden. – Erbärmlich!

Helm: Ja, erbärmlich. Und was machst du? Machst du nichts, um dich zu behaupten? Ha, bei dir hab ich´s lernen müssen, entweder stark zu sein oder kaputtzugehn.

Kirsten: Wer mit dir...

Helm: Was war's denn mit mir? – *(rollt auf sie zu)* Hast du mir nichts getan, nein? – Aber du denkst, du hast mich jetzt, was!

Kirsten: Scher dich zum Teufel!

Helm: Ja, gute Idee. – *(langsam)* Und – wenn ich aufhöre... mit dem Spiel? Abtrete... von der Bühne?

Kirsten: Du wirst nicht viel Applaus haben.

Helm: Ja, das macht dir nichts mehr, ich weiß, das ließ' dich kalt. Hast es ja grad noch gesagt.

Kirsten: Du ödest mich an, du und dein... Selbstmitleid!

Kleine Pause.

Helm: Und wenn ich es... mitnehme, dein – Siegeszeichen?

Kirsten(erfaßt den Sinn nicht sofort, springt dann hoch, zitternd): Du… du… Schwein! – Ich bring... ich bring dich um! – *stürzt plötzlich auf ihn los, schreit)* Ich bring dich um! Ich bring dich –! – *(macht abrupt vor ihm halt, kalt)* Sag... das nicht wieder. Ich bring… dich um. Wahrhaftig... ich tu's. – *(wendet sich ab)* Sag's nicht noch mal – ich... bring dich... (geht auf einen Sessel zu und sinkt hinein; schluchzt vornübergebeugt, den Kopf in die Arme vergraben)*

Helm zeigt sich von ihrem Ausbruch doch betroffen, fährt etwas auf sie zu und betrachtet sie. Das Telefon klingelt. Helm sieht auf, fährt aber nicht hin. Sein Blick geht wieder zu Kirsten, die offenbar nichts hört. Als er schließlich zum Telefon rollt, hört dies auf zu klingeln. Er fährt an seinen Platz zurück, wo er vor sich hinstarrt. – Kirsten beruhigt sich nach und nach, steht auf und geht zum Schrank, um ein neues Ta-

schentuch zu holen. Während des folgenden sehr ruhig.

Kirsten(ohne ihn anzusehen): Du hast mir eins weggenommen.

Helm hört nicht hin.

Kirsten: Eins und keins mehr.

Helm: Ich bin – ich bin zu...

Kirsten: Dies nicht mehr.

Helm: Ich begreif alles nicht.

Kirsten: Hast du gehört?

Helm(sieht auf): Was –?

Kirsten: Ich meine nicht den Jungen.

Helm: Welchen Jungen?

Kirsten: Dennis.

Helm: Was ist mit ihm?

Kirsten: Nichts.

Kleine Pause.

Kirsten: Du warst dran schuld.

Helm: Woran?

Kirsten: Daß es weg ist.

Helm: Was?

Kirsten: Das Kind.

Helm: Was für ein Kind? – *(überlegt und nickt dann)* Ach so.

Kirsten: Ja.

Helm: Ich bin dran schuld...

Kirsten: Ja.

Helm: Und warum?

Kirsten: Du hättest mich allein gelassen.

Helm: Nicht wegen des Kindes.

Kirsten: Du wolltest es nicht haben.

Helm(gereizt): Was soll das! – Es war *deine* Ent-
scheidung. Ich habe nicht nein gesagt, das war alles.
Ja, wenn's mit uns gestimmt hätte... und tu nicht so!
Es war nicht das erstemal, oder?
Kirsten: Nein.
Helm: Sonst bist du doch da rübergefahren wie zur
Tulpenblüte.
Kirsten: Ja, wie zur Tulpenblüte.
Helm: Und nicht nur einmal.
Kirsten: Nein. Nicht nur einmal.
Helm: Wo da der Unterschied ist. – Dies war von mir,
was!
Kirsten. Ja. es war von dir.
Helm: Dann allerdings.
Kleine Pause.
Helm(wieder für sich): Klar, und ab da hat sie mich
gehaßt. – Man sollte das wissen. – Kerle und Weiber
verstehn einander eben nicht.
Kleine Pause.
Helm: Das ist es, das ist euch das Wichtigste – ein
Kind... Kinder.
Kleine Pause.
Helm(sieht sie an): Hättest du mich etwa nicht fallen-
lassen?
Kirsten: Wie?
Helm: Für deinen lieben Sohn?
Kleine Pause.
Helm: Wen hättest du aufgegeben? Nicht mich für
ihn?
Kirsten: Ich...
Helm: Man merkt das.

71

Kirsten: Das muß so sein.

Helm: Ja, das muß so sein.

Kirsten: Ein Kind braucht seine Mutter.

Helm: Sicher.

Kirsten: Wie sonst?

Helm: Ich beklag mich nicht. Ich stell´s nur fest.

Kirsten: Es braucht sie mehr als jeder andere.

Helm: Ja, so seid ihr – und es muß so sein. Aber ´n Kerl wie ich, der das weiß, der täte gut dran, für sich allein zu bleiben.

Kirsten: Dann hättest du´s machen müssen. Du kannst es immer noch machen.

Helm(denkt nach): Die Alten, die wußten Bescheid. – Väter, die ihre Söhne fressen – in ihren Mythen, immer wieder.

Kirsten: Die Alten, hm... und wir sind Menschen von heute.

Helm: Von heute, ja, und das heißt – *besser,* nicht? – Ja, man erzählt´s euch, und ihr, ihr erzählt´s weiter. Raubtiere kommen in euren Erzählungen nicht vor. Was sagt ihr den Kindern in der Schule, wie heißen die jetzt – Greifsäuger, ja? – Ha, Greifsäuger! Der Emporkömmling schämt sich seiner Herkunft. *Greifsäuger!* Diese Sprachkosmetiker... sie sollten die Tiere zu Mitgliedern ihrer Akademien machen oder ihnen Kreditkarten geben oder am besten – sie ausrotten, dann werden sie nicht dran erinnert, wo sie herkommen und was sie sind. Nein, man erzählt´s euch, und ihr erzählt´s weiter und im übrigen – *(macht die Gebärde des Halsabschneidens)*

Kirsten: Das ist nicht wahr.

Helm: Denk nicht, weil man keine Reißzähne mehr bei uns sieht, da hätte sich was geändert – hier drin, meine ich. *(tippt sich an die Stirn)*
Kirsten: Wir sind keine Tiere.
Helm: Nein. Wir sind – *Menschen!*
Kleine Pause
Das Telefon klingelt. Kirsten blickt hinüber, geht an den Apparat und nimmt den Hörer ab.
Kirsten(noch immer schwach): Ja? – Ach, du... Mit mir? Nein, was... was soll sein? *(versucht, sich mehr Schwung zu geben)* Ja, ja... alles in Ordnung... Wie? – Du hast –? *(irritiert)* Wann? – *(blickt zu Helm)* Ach, ja, ich – ich war ′n Augenblick draußen – das Auto... ja, das Auto. Wie? – So, wart einen Augenblick, ich geh nachsehen, ich bin gleich... ja, ja... *(legt den Hörer ab, geht auf den Flur und kommt sofort zurück)* Hörst du? – Ja, der ist hier... Nein, du hast ihn nicht verloren... Aus Wildleder, ja... Sicher, am Sonntag dann... das ist am besten. – Wenn du ihn nicht brauchst... am Sonntag, ja. – Dasselbe, danke, danke… tschüs. – *(legt den Hörer auf)*
Helm: Da kriegen mich keine zehn Pferde hin.
Kirsten: Sie hat einen Handschuh hier gelassen.
Helm: Und die kommt mir hier nicht mehr rein, die nicht.
Kirsten(geht wieder auf den Flur und kommt im Mantel zurück): Ich fahr den Wagen rein. *(geht durch die Küche hinaus)*
Helm(fährt zum Flaschenschrank): Keine zehn Gäule.
Er trinkt ein Glas, fährt zurück und schaut vor sich hin. Bald darauf kommt Kirsten herein, legt den Man-

tel auf einen Sessel, stellt sich fröstelnd an die Hei-
zung, blickt ebenfalls vor sich hin.
Kirsten: Der Wagen muß in die Werkstatt.
Helm: Der Wagen? Warum?
Kirsten: Ich weiß nicht.
Helm: Was ist?
Kirsten: Die Schaltung.
Helm: Was ist damit?
Kirsten: Sie hakt.
Helm: Wie?
Kirsten: Der erste Gang.
Kleine Pause.
Helm: Kann auch die Kupplung sein. Nächste Woche
dann, oder?
Kirsten: Ja, nächste Woche.
Kleine Pause.
Helm: Wie ist es?
Kirsten: Was?
Helm: Draußen.
Kirsten: Kalt... naßkalt.
Helm: Regnet´s?
Kirsten: Es wird regnen.
Helm: Kein Schnee?
Kirsten: Vielleicht Schnee.
Pause.
Helm: Das wird´s gewesen sein.
Kirsten(abwesend): Was?
Helm: Die Schaltung.
Kirsten: Was ist damit?
Helm: Die war bestimmt nicht in Ordnung. – *(als be-*
sinne er sich) Ah, nein – es war ´n Unfall.

Kirsten(schwach): Hör auf... ich bitte dich.

Helm(lacht etwas): Ein Besoff'ner.

Kirsten: Ich kann nicht mehr.

Helm: Und ich krieg' nicht mal 'ne Rente.

Kirsten: Bitte.

Kleine Pause.

Helm: 'Ne schöne Geschichte hast du denen erzählt.

Kirsten: Hör auf.

Helm: Sie hat nur den Nachteil, den alle schönen Geschichten haben... sie stimmt nicht. – Warum hast du ihnen nicht die Wahrheit gesagt? Hm –?

Kirsten geht zum Schrank.

Helm: Warum?

Kirsten: Laß mich.

Helm: Es wär' nichts dabei gewesen.

Kirsten(geht zur Heizung zurück): Mir ist – ganz elend.

Helm: Du hättest es sagen können. – So was kann schließlich vorkommen. Da muß man keine Geschichten erfinden.

Kirsten: Ich...

Helm: Oder?

Kirsten(fängt an hin und her zu gehen): Was hätt' ich erzählen sollen!

Helm: Die Wahrheit.

Kirsten: Die Wahrheit! – Ich weiß nicht... ich weiß es selbst nicht – ich… Es ist schlimm genug... und die Fragerei immer... und immer dran erinnert werden – ich hätt's nicht ertragen! – Die Wahrheit! Ich glaub bald selbst, daß es so war, wie ich's erzähle.

Helm: Es war 'n Unfall.

Kirsten: Wie ich's erzähle, ist es leichter für mich.

Helm: Meine Knochen sind hin, und es war 'n Unfall. – Es ist egal, wer's gemacht hat.

Kirsten(gequält): Ja... ja.

Helm: Und man kann erzählen, wer's gemacht hat.

Kleine Pause.

Helm: Und wenn die dir mal draufkommen?

Kirsten: Was?

Helm: Was meinst du, was denken die sich?

Kirsten: Was sollen die sich denken? Daß ich...

Helm: Denk mal nach.

Kirsten: Was weiß ich!

Helm(langsam): Die können zum Beispiel denken, es war – kein Unfall.

Kirsten(wendet sich ihm rasch zu und starrt ihn an): Was –?!

Helm: Und daß du das – vertuschen willst.

Kirsten: Bist du – verrückt?

Helm: Nein.

Kirsten: Die würden denken, er hätte das –?

Helm: Hast du das nicht auch gedacht?

Kirsten(sprachlos): ---

Helm(fährt auf sie zu): Hast du die schöne Geschichte nicht erfunden, weil du ein mulmiges Gefühl hattest? – Und weil du's ihm zutraust?

Kirsten(wie vorher): ---

Helm: Nicht deswegen?

Kirsten(tritt langsam an ihn heran und starrt ihn an): Hast du – den Verstand verloren? – Willst du... willst du sagen –?

Helm: Ich sag' gar nichts.

Kirsten: Willst du sagen, er hätte das – extra gemacht?

Helm: Ich weiß nur, daß ich nie den Rückwärtsgang reingelegt habe, wenn ich vorwärts fahren wollte – bei dem Auto nicht! Das ging bei dem gar nicht.

Kirsten(starrt ihn noch einen Augenblick an, schüttelt heftig den Kopf und geht wieder unruhig hin und her): Du bist... verrückt! – Er ist verrückt geworden! – Das ist... das ist –! *(wendet sich ihm zu)* Bist du schon im... Delirium? – *(fassungslos)* Willst du mich um den Verstand bringen... vollends?

Helm: Ich stand ja auch schön... da an der Mauer – richtig schön.

Kirsten(laut): Du bist verrückt! Hör auf! Das ist –!

Helm: Ich hab's noch im Ohr – das Geräusch, als die Knochen durchgingen.

Kirsten: Hör auf!

Pause.

Helm(rollt von ihr weg): Ich hab' seine Augen gesehen.

Kirsten: Was –?

Helm: Als ich am Boden lag.

Kirsten: Was? – Was hast du?

Helm: Ich hab' seinen Blick geseh'n.

Kirsten: Seinen Blick... seinen Blick!

Helm: Ja. – Das ist mehr als...

Kirsten: Du phantasierst! Hirngespinste! Nichts als Hirngespinste!

Helm: Das war – wie auf Leben und Tod... so hat er mich angeschaut und ich ihn und ich hab' gedacht – *(fährt sich mit der Hand über die Augen)* Ich schwör

´s, eher hätt´ ich mir die Zunge abgebissen, aber keinen Mucks mehr, keinen! Nicht vor ihm! – *(ohne Spannung)* Ja, so war das.

Kirsten steht verloren. Schließlich geht sie schleppend zu einem Sessel und setzt sich.

Kirsten(für sich): Es war alles verkehrt... alles. – Warum ist man so... schwach? Was soll man machen, wenn man schwach ist?

Kleine Pause

Kirsten: Er hat das nicht getan. – *(blickt zu Helm)* Es war nichts gewesen zwischen euch.

Helm: Ich weiß nicht.

Kirsten: Nichts, daß er das hätte tun können.

Helm: Wie sein Blick war, sah´s aus, als hätt´ er lange drauf gewartet.

Kirsten: Aber warum?

Helm: Drauf gewartet, mich so liegen zu sehen.

Kirsten(fängt leise an zu weinen): Er hat... nie eine Chance gehabt.

Helm: Wir haben alle keine Chance.

Kirsten: Du hast ihn... nicht geliebt.

Helm: Hm, meine Schuld, alles *meine* Schuld.

Kirsten(hört auf zu weinen, müde): Schuld –

Helm(für sich): Er hat mich nicht akzeptiert.

Kirsten(ebenso): Wer spricht von Schuld?

Helm: Ich war immer ein Fremder für ihn.

Kirsten: Man kann sich nicht zwingen, jemanden zu lieben.

Helm: Einer, wo er sich fragte, was will der überhaupt hier?

Kirsten: Das geht von alleine oder... eben nicht.

Helm: Lieben –

Kirsten: Er ist so ganz anders.

Helm: Lieben –

Kirsten: Er hatte keine Chance. Ich hätte allein bleiben müssen mit ihm.

Helm: Ich hab versucht, das Beste draus zu machen.

Kirsten: Ich... konnte nicht.

Kleine Pause.

Kirsten: Ich konnte nicht. Ich wär´ draufgegangen... und er hätt´s ausbaden müssen. – *(weint wieder)* Es war... alles verkehrt. – *(zu Helm)* Als du damals weg warst – an der Mosel, die drei Wochen, als wir uns so gestritten hatten wegen ihm – da war´s ja so, da hab ich nur noch geschrien mit ihm... wegen jeder Kleinigkeit.

Helm: Was?

Kirsten: Ich hab nur noch mit ihm geschrien.

Helm(abfällig): Ja, du allein mit ihm – du mit ihm allein... das wär´ was geworden.

Kirsten(hört auf zu weinen, steht auf): Ja, du hast uns aus dem Dreck geholt.

Helm: Was warst du denn!

Kirsten: Der edle Ritter!

Helm: ´Ne Studentin, ja? – ´N Flittchen!

Kleine Pause

Helm: Und er... der erst –! Mensch, da fehlen mir die Worte!

Kirsten: Dafür bist du einer.

Helm: Ah, red du nur. – *(ruhig)* An dem Jungen war alles falsch gemacht worden, alles.

Kirsten: War das ein Wunder?

Helm: Damals wolltest du´s nicht wahrhaben. – Weswegen war denn der Streit immer?

Kirsten: Damals, damals – die Zeit war so. Alles war voll von diesem Geschrei – diesen Parolen, diesen verlogenen Parolen. Das kam da alles auf.

Helm: Ach!

Kirsten: Wie soll man sich da zurechtfinden als junger Mensch?

Helm: Was du nicht sagst!

Kirsten: Man findet da keinen Halt, nein.

Helm: Ja, ja.

Kirsten: Du bist älter, du hast es anders erlebt.

Helm: Ja.

Kirsten: Du hattest deinen Weg gefunden.

Helm: Das ist es.

Kirsten(geht zur Küche, bleibt an der Tür stehen): Willst du auch was?

Helm: Was?

Kirsten: Wasser.

Helm schüttelt den Kopf. Kirsten geht in die Küche und kommt mit einer Flasche Mineralwasser und einem Glas zurück. Setzt sich, trinkt etwas und lehnt sich dann erschöpft zurück.

Kirsten: Laß uns aufhören.

Helm brummt unverständlich.

Kirsten: Das führt alles zu nichts.

Helm(wie vorher; fährt plötzlich auf): Diese Idioten! Diese verdammten Idioten! Der ganze Tag ist versaut! – Wenn ich die sehe, dann kommt´s mir hoch. *(kleine Pause)* Dann krieg ich... Angst.

Kirsten: Angst? – Die tun dir nichts.

Kleine Pause.
Kirsten: Die sind ganz normal.
Helm: Eben – deshalb.
Kirsten: Wir sind alle so.
Helm. Und das ist es, woran man kaputtgeht.
Kirsten: Wir müssen so sein.
Helm: Ja, weil wir nichts vor uns haben, nichts. Nur ein kümmerliches... Jetzt. Und das schlagen wir tot mit irgendwas, damit wir uns nicht zu Tode erschrecken vor uns selbst und dem Mist, den wir fabrizieren.
Kleine Pause.
Kirsten(für sich): Man kann sich öffnen – auch ohne zu zerbrechen.
Helm(ebenso): Und wir haben Vergangenheit. – Die Vergangenheit, wo die Väter ihre Söhne fressen. Eine Vergangenheit, durch die wir uns hindurchfressen müssen wie... Würmer durch einen Leichnam.
Kerstin: Und das ist die Zukunft.
Helm: Und die meisten merken's nich' mal. Und dann gibt's andere, die mästen sich dran, die fressen sich durch die Eingeweide im Kadaver; die haben den besonderen Magen – den Magen, der noch Scheiße verdaut. Der sie nich' ständig auskotzen läßt, was sie fressen – die werden groß und stark, und sie tönen, sie tönen von der glücklichen Zukunft der alles verschlingenden Mägen aller.
Kirsten: Doch, es gibt Zukunft.
Helm: Und wenige, die merken's. Wenige, die woll'n über den Zeiten sein. Nich' im Gestern und nich' im Heute. Das eine erdrückt sie, und das andere macht

ihnen Angst, und ein Morgen, das nich´ wie alle Gestern und Heute is´ – das gibt es nich´. Und die das wissen, die sind verdammt und verloren.

Kirsten: Ich glaube daran.

Helm: Es geschieht viel, aber es ändert sich nichts.

Kirsten: Ich glaube daran. – Wenn man nur einander verstehen könnte.

Kleine Pause.

Helm(schaut auf und kommt zum Tisch gefahren): Ist verdammt heiß hier drin.

Kirsten: Wie?

Helm: Ich trink doch ´n Glas.

Kirsten: Meins?

Helm nickt. Sie gießt ein und bringt ihm das Glas.

Helm(trinkt, betrachtet sie): Du bist richtig rund geworden – oben rum, mein´ ich jetzt.

Kirsten: Oben rum –

Helm: Ja.

Kirsten: Das siehst du.

Helm: Ja.

Kirsten: Das kriegst du mit.

Helm: Man kann´s nich´ übersehn.

Kirsten: Für dich ist eine Frau erstmal Busen.

Helm: Auch, ja.

Kirsten: Hm.

Helm: ´Ne schöne, runde Weiberbrust, was gibt´s Schöneres – vom Ästhetischen her, mein ich.

Kirsten: Vom Ästhetischen her.

Helm: Ja.

Kirsten: Du mußt es wissen.

Helm: Ich seh´s so.

Kirsten: Du hast deinen Beruf verfehlt.

Helm: Und auch sonst...

Kirsten: Du hättest Bildhauer werden sollen. Die Ästhetik der weiblichen...

Helm: Das ist doch – *alles*! Alles! Das ist... das Leben! – *(zunehmend begeistert)* Wärme und Schutz – Schutz und Nahrung – ja, das Leben! Das Leben, wie man es zuerst erfährt, ganz zuerst, wo es noch rund ist und voll und... gut. Und Lust –!

Kirsten: Hm, Lust.

Helm: Nein, nicht diese! Nein, was anderes, viel... tiefer – Daseinslust, ungedachte Lust... Freude am Sein... Freude, die nicht weiß.

Kirsten: Du vergeistigst dich zusehends.

Helm(beachtet sie nicht, starrt noch einen Moment wie beglückt vor sich hin, dann abschätzig): Kriechlinge... verkrüppelte Kriechlinge... gebrochen...

Kirsten: Woran liegt es?

Helm: In sich gebrochen...

Kirsten: Der Alkohol?

Helm: Gebrochen.

Kirsten: Oder die Jahre?

Helm(sieht langsam auf): Was?

Kirsten: Nichts.

Helm(ernüchtert): Scheiße.

Kirsten: Der Alkohol.

Helm: Und wenig genug is´ es, verdammt zu wenig. Und was bleibt? – Hängetitten! – *(lacht)* Ha, Hängetitten!

Kirsten: Irgendwas hast du in deiner Kindheit übersprungen.

Helm: Die Psychologin! – Psychologismen! – Alles Quatsch!

Kirsten: Ich hatte immer das Gefühl.

Kleine Pause

Helm(grinst): Die von nebenan, die jungen Leute, die da eingezogen sind, die is´...

Kirsten: Wo ist das Programm?

Helm: Die is´... auch Lehrerin, nich´?

Kirsten(sieht umher): Wo ist es?

Helm(weiter grinsend): Das Programm?

Kirsten: Ja.

Helm: Kommt was?

Kirsten: Weiß nicht.

Helm: Du hast es doch immer.

Kirsten: Ich! – *(sucht und findet es zwischen einigen Zeitungen)* Ich!

Helm(nickt): Die ist gut dabei, ja.

Kirsten: Hier! *(hält das Programmheft hoch)* Aufgeschlagen... für Sonntag!

Helm: Ich hab´s nich´ gehabt.

Kirsten(blättert): Ich auch nicht.

Kleine Pause.

Helm(nickt wieder): Die hat ´n paar ordentliche Titten.

Kirsten wirft das Programmheft auf den Tisch.

Helm: Kommt was? – Was andres als das Gebimmel von Ladenkassen, mein´ ich.

Kirsten: Das wär´ bald besser als dein Gequatsche!

Helm(schweigt und betrachtet sie, schließlich): Wie dein... Sohn.

Kleine Pause.

Helm: Das is´ auch so´n Stänkerer.

Kirsten: Du stänkerst.

Helm: Aber bei mir kam er damit nich´ an.

Kirsten: Wer kommt schon gegen dich an?

Helm(zeigt mit der Krücke zum Programmheft): Wenn der was hatte, war´s auch immer weg.

Kirsten: Ich hab´s nicht gehabt.

Helm: Immer. – Ihr seid euch sowieso ähnlich.

Kirsten: Das freut mich.

Helm: In vielem.

Kirsten: Wenn er nur nicht so ist wie du.

Helm: Das is´ er nich´.

Kirsten: Gott sei Dank.

Helm: Ja.

Kirsten: So was wie dich...

Helm: Der hat genauso ´n Charakter wie du.

Kirsten: Und?

Helm: Ha, Charakter –!

Kirsten: Wie soll´s anders sein. Der Apfel...

Helm: Fällt nich´ weit vom Pferd, würd´ dein süßer Blondie sagen und denken, er hätt´ ´nen tollen Witz gemacht und sich totlachen.

Kirsten: Du hast es nötig.

Helm: Der Holzkopf.

Kirsten: So einer wie du hat´s nötig.

Kleine Pause.

Helm: ´Nen Charakter wie´n... Flittchen, ja, ´n männliches Flittchen.

Kirsten(erregt): Du –! Faß dich an deine eigene Nase, was *du* bist, du... Krüppel!

Helm(ohne Regung): Wenn der in den Kneipen mit dabei war – ha, *wenn* –! Immer war der dabei, immer zog der mit dir rum – da haute der wildfremde Kerle an, daß sie ihm fünfzig Pfennig geben oder ′ne Mark.

Kirsten: Das stimmt nicht!

Helm: Der hatte so seine Erfahrung, er wußte, meistens kriegt er was.

Kirsten: Du lügst!

Helm: Und was machten die Kerle? – Die beguckten sich die schöne Mutti und gaben ihm was und kamen dann an wie die... Köter und dachten, ′ne Alte, die ihren Bengel so rumziehn läßt, da kann′s nich′ schwer sein – und so verkehrt gedacht haben sie nich′, oder? – Und es is′ nich′ wahr, nich′?

Kirsten: Du bist besoffen. Du hast deinen Verstand versoffen.

Helm: Es is′ nich′ wahr?! – Nich′ einmal, ′n dutzendmal wenigstens hab ich′s mitbekommen.

Kirsten: Das hat der Junge nicht gemacht.

Helm: Und dann hab ich ihn gefragt, ob er keinen... Stolz hat, ob er sich nich′ zu schäbig vorkommt – ha, *Stolz!* – Der un′ Stolz! – Dumm angeguckt hat er mich, und ich hab gemerkt, so geht′s bei dem nich′ un′ hab′s ihm verboten, einfach verboten.

Kirsten(wieder lauter): Ja – und nun erzähl noch die Geschichte vom Schützenfest – du als Junge auf′m Schützenfest!

Helm: Der hat nichts im Leib.

Kirsten: Und diese Großbauernbengel, die mit Geld um sich schmeißen, die im Suffkopp Münzen um sich rum werfen und ihren Spaß dran haben, wenn sich die

Dorflümmel drum balgen... balgen wie Straßenköter um einen Knochen!

Helm(nickt): Genau so.

Kirsten: Ja, und unser... stolzer Friedrich hat das auch mal mitgemacht, sich mitgebalgt und hat auch glücklich 'n Fünfziger erwischt – und das war viel Geld damals, für 'nen Jungen viel Geld. Aber was hat er gemacht? Er hat sich geschämt, der stolze Friedrich, ihm war das zu schäbig, dies Raufen um's Geld – und er hat den Fünfziger weggeschmissen!

Helm: Ja, es is' erbärmlich.

Kirsten: So 'n Kerl bist du!

Helm: Das... Balgen um die Knochen.

Kirsten: Und was für ein Dreck ist er!

Helm: Erbärmlich.

Kirsten: Das willst du doch sagen, oder?

Helm: Du has' es gesagt.

Kirsten: Ich!

Helm: Ich... ich hab nur gleich gemerkt, daß wir ganz anders sind.

Kirsten: Herr Gott! So wie er damals war, das war nicht seine Schuld.

Helm: Ha, damals!

Kirsten: Es war... meine Schuld.

Helm: Heute weißt du's.

Kirsten: Das weiß ich seit langem.

Helm: Und weißt jetzt sogar, warum du's damals nich' wußtest, oder?

Kirsten(resigniert): Laß Mutter da raus, es ist nicht mehr zu ändern.

Helm(erregt): Das spielt keine Rolle! Dies Satans-
weib, dies verfluchte! Hat dich auf'm Gewissen un'
den Bengel mit – und mich auch, wenn man so will...
uns alle! Der sollte man...

Kirsten: Sie hat's auch nicht anders gewußt.

Helm: Dies verfluchte Weib!

Kirsten: Sie ist kein schlechter Mensch.

Helm: Das sag ich nicht.

Kirsten: Sie wird das nie verstehen.

Helm(für sich): Un' warum? – Weil sie auch so 'n
Flittchen war. Ich möcht nich' wissen, wieviel Hörner
die ihrem Alten aufgesetzt hat. – *(rollt zum Schrank,
holt die Flasche vor zum Tisch, trinkt während des
folgenden)* Liebe... Liebe – was die von Liebe ge-
quatscht hat, Liebe zum Kind – ha, das is' was andres
als Küßchen hier und Schätzchen da und das Blag
machen lassen, was ihm in den Kopf kommt.

Kleine Pause.

Helm: Vor dem Alten zieh ich heut' noch den Hut.

Kirsten: Mein Gott, Vater...

Helm: Den hat sie fertiggemacht.

Kirsten: Ja, der war so einer wie du.

Helm: Der Mann hatte 'nen Charakter.

Kirsten: Auch so ein... Eisenfresser.

Helm(weiter für sich): Aber sie hat ihn fertiggemacht.
Irgendwann auf halber Strecke war er fertig und hat's
aufgegeben.

Kirsten: Vater...

Helm: Die hat ihn fertiggemacht.

Kleine Pause.

Helm: Die machen... alle ihre Kerle fertig. Irgendwann schaffen sie's alle.

Kirsten: Fertigmachen – das ist alles so...

Helm: Und wenn's am Grab is' – das is' es, warum sie ihre Kerle überleben. Ha, trauernde Witwen... Allegorien der Siegesgöttin!

Kirsten: Und wenn schon fertigmachen, wer macht wen fertig, wer schlägt wen? Hat Vater Mutter nicht geschlagen, früher, als ich klein war.

Kleine Pause.

Kirsten: Wie viele Kerle toben ihren Sadismus an Frau und Kindern aus, wie viele! Ha, fertigmachen –!

Helm(sieht auf): Was?

Kirsten: Fertigmachen! Die Menschen sind nicht so, wie du sie haben willst.

Helm: Nein?

Kirsten: Nein.

Helm: Ich will sie so haben?

Kirsten: Ja.

Helm: Und wie sind sie?

Kerstin: Anders.

Helm: Anders... *(nickt, schweift mit seinen Gedanken wieder ab)* Klar, 'n Mädchen von fünfzehn, sechzehn wird unruhig, das is' so un' muß nix heißen – damals nich', da war das noch nich' so. – Dies elende Weib... *Mutter* –! So was nennt sich Mutter! – *(trinkt ein Glas)* Nix Bessres zu tun, als das Gör diesem pickligen Hund unterzuschieben. Ha, der Alte, der hätt' den gejagt, und wie er den gejagt hätt' – ah, kein Mumm mehr, sonst hätt' er's dem gezeigt, diesem pickligen...

Kirsten(gereizt): Er war nicht picklig!

Helm(mit Abscheu): Aber geschwitzt hat er... und gestunken, wie 'n Ziegenbock gestunken! Bis er dich
dann hatte... dies Schwein! – So 'n Schwachkopf! Mit
zwanzig heiraten!

Kirsten: Du... du –! Was du machst, das ist richtig!
Du mit deiner Arroganz! *Du* – und dann kommt lange
nichts mehr, da kommt überhaupt nichts mehr! Mir
hängt das zum Hals raus! Ich kann's nicht mehr hören! Seit 'ner Ewigkeit nicht mehr! Kannst du nicht
verstehn...

Helm: Ich versteh alles – alles versteh ich.

Kirsten: Ich war siebzehn, als ich den Jungen bekam!
Ich ging noch zur Schule!

Helm(laut): Un' deine Mutter war vierzig! – Die
Kuh!

Kirsten(ebenso): Dann laß mich in Frieden! Schrei
mit ihr, wenn's dir Spaß macht. Sauf dich bei ihr voll!

Helm(ruhiger): Daß die 'ne Verantwortung hat...

Kirsten: Erzähl's ihr. – *(müde)* Ich war siebzehn.

Helm: Eben.

Kirsten: Heul dich bei Mutter aus. – *(wieder lauter)*
Ich hab's dir schon hundertmal gesagt – wie soll ein
Mädchen in dem Alter wissen, wo's langgeht!

Helm(fährt an sie heran): Aber wo's... reingeht, das
weiß es, das Mädchen, umso besser, nich'?

Kirsten: Deine Borniertheit...

Helm(starrt sie an): Un' dann kam se erst, die große
Parade, nich'? – Nach den Mutterfreuden die große...
Schwanzparade.

Kleine Pause.

Helm: Ha, die große Parade! – Wie viele? – Siebzig, achtzig, hundert? Weißt du's überhaupt? –Hundertfünfzig? – Wie viele? – In wieviel Jahren?

Kirsten: Du mußt reden.

Helm: In drei, dreieinhalb, oder fünf? – Da verliert man den Überblick, was?

Kirsten: Du Hurenbock.

Helm(ruhig): Stimmt – von deiner Sorte hab ich einige gehabt.

Kirsten: Du... Spießer!

Helm: Einige.

Kirsten: Üb du dich in deiner Selbstgerechtigkeit, dann ist alles in Ordnung.

Helm: Aber ich hab mich nich' besaufen müssen, um sie zu haben.

Kirsten: Das möchtest du haben, was! – Damit du's weißt, ich hab mich nicht besoffen.

Helm: Nich'?

Kirsten: Nein.

Helm: Nein, nachher dann nich' mehr – da hatt's' du Routine. – *(für sich)* Un' was andres, das hatt's' du nich' mehr.

Kirsten: Das möchtest du hören, was! Ich mußte mich... ha, vollaufen lassen, ja?

Kleine Pause

Kirsten: Und warum läßt man sich vollaufen für so was, warum wohl? – Weil du's anders nicht kannst, nicht? Weil du dich schämst, so sehr schämst! Und warum ist dir übel, wenn du aufwachst, morgens, neben so einem Kerl – einem, den du zum erstenmal siehst, mit halbwegs klarem Kopf siehst – übel, daß du in den Spiegel spucken möchtest, wenn du dich selbst schon nicht anspucken kannst – warum ist dir übel? Nein, nicht von deinem Schädel, in dem sich alles dreht und von dem kotzüblen Geschmack in deinem Hals, nein, das ist es nicht – du weißt, daß du wieder ein Stück den Bach runter bist, den Bach runter wie eine leere Konservenbüchse – das willst du hören, das, ja? – Daß ich nicht lache! Ich mußte mich nicht vollaufen lassen! Ich hab´s gewollt, es hat mir Spaß gemacht – ich brauchte das! Ha, weil ich´s dir vielleicht mal anders erzählt habe! – Ich wollte leben... leben – verstehst du. – Die Kerle um mich rum, sie zappeln lassen in ihrer... Lächerlichkeit, ihrer geilen Lächerlichkeit – mal diesen ansehen, mal jenem die Hand auf den Arm – und genau wissen, von Anfang an wissen, den nehm ich mir heut´, den oder den, egal wen – das brauchte ich! Ich wußte, ich bin eine Frau, ich bin jung und attraktiv, und die sind scharf auf mich, und ich hab´s genossen. So, jetzt hast du die Wahrheit gehört, die du nicht hören willst, weil sie dir nicht paßt!

Helm(wie vorher): Du hatt´s´ die... Achtung vor dir verlor´n, die Selbs´achtung.

Kirsten: Selbstachtung –! Du willst was andres hören, ja! – O, dieser Katzenjammer und alles grau in grau, wenn du zu dir kommst, nicht? – Und der schnarchende Kerl, in dessen Bett du liegst, aber dessen Namen du nicht weißt, ja? – Und die elende Bude, in der es nach Kippen und kaltem Rauch stinkt, mit leeren Flaschen und Bierpfützen auf dem Boden und der trüben Funzel, die von der Nacht her noch brennt – das willst du hören, oder? – Und du gehst aus einem alten Haus, in dem du noch nie warst, auf eine Straße, die du nicht kennst, und willst dich nicht erinnern... nicht erinnern, wie der mit seinen klebrigen Händen nach dir... griff und über dich kam mit seinem Atem und seiner Gier, und du merkst, daß er nachts... nachts irgendwann noch mal und – du weißt nichts davon – und ich... du hast es nicht mitgekriegt, und ich ...mir... mir fällt der – Junge ein, er war... die ganze Nacht allein, und es ist Vormittag jetzt und – *(fängt leise an zu weinen)* ich habe Angst, ich habe Angst um den Jungen, ich habe Angst... Angst – Angst vor dem... Alleinsein, vor dem... Nichtwissen, was ist, Angst, mit mir allein fertigzuwerden – und ich weiß, ich bin weggelaufen, vor mir und allem weggelaufen, ich habe mich... vergessen, und ich fühle, so... so komme ich mit mir nicht ins reine, ich hab wieder ein Stück von mir... ein Stück – von dem, was ich mal war. – Ja, Herr Gott, ich hatte sie verloren, ja! Das willst du... das willst du doch hören! – *(laut, verzweifelt)* Also hör, hör... mach die Ohren auf! – Ich hatte keine Achtung mehr vor mir, ich hatte sie verloren! Ich hab mich selbst verachtet wie... wie das letzte Stück... Dreck! – Bist du jetzt zufrieden?! *(weint heftig, geht zu einem Sessel und läßt sich hineinsinken)* Kleine Pause.

Kirsten: Und ich weiß, daß... daß es verkehrt ist – daß man keine Achtung... erwarten kann, von andern, wenn man selbst keine... vor sich hat. Man muß... sich selbst was abverlangen, das zuerst. Man muß... was tun.

Kleine Pause.

Kirsten(trocknet sich die Augen, allmählich wieder ruhiger): Ich weiß, daß es zu viele arme... Hunde gibt, viel zu viele, die keine Achtung mehr vor sich haben...

Helm(sieht auf): Was?

Kirsten: Und meistens geben sie sich auf für etwas, das es nicht wert ist – irgendein Flitter oder Schnickschnack oder Versprechen.

Helm: Ja. Die Ware... Unglück in der Glitzerpackung Glück.

Kirsten: Heute weiß ich's, aber damals – damals... *(erhebt sich und macht einige Schritte)* Damals war ich eine von den Naiven oder Vorwitzigen und hab all diesem Geschrei zugehört und mich treiben lassen. Ich hab nicht mal was gesucht... mich einfach treiben lassen. Und es gab genug, die's einem vormachten oder vorbeteten – überall, ja, und ich war unglücklich, wie man unglücklicher nicht sein kann, außer ich war voll – so weit weg war ich von mir.

Kleine Pause.

Kirsten: Aber wozu ? Wozu erzähl ich das? Bei dir könnt' ein Säugling sich verirrt haben, und er fänd' kein Verständnis.

Helm schüttelt, ohne aufzusehen, den Kopf.

Kirsten: Oder willst du sagen, mein Leben sei jetzt nicht so, daß ich mich... mich und andere frei ansehen kann?

Helm(sieht auf): Nein.

Kirsten: Nur – für deine Ansprüche reicht's noch nicht.

94

Helm(rollt auf sie zu): Du... du bist – du wärst... heute *(kämpft gegen seine aufsteigende Bewegung)* du wärst eine... heute – eine Frau, die...

Kirsten(wieder nah am Weinen): Hör auf – du bist betrunken!

Helm(lauter): Ja, verflucht... besoffen, ich bin's bald. – Aber 's stimmt! 'S is' die Wahrheit, was ich sag! Ich mein's so, glaub mir! – *(eindringlich)* Du bist 'n... Mensch! Ja, 'n Mensch, wie... *(Kirsten fängt an zu weinen)* wie man – wie man ihn... *(verzweifelt)* Ich kann nich'... ich kann's nich' –! Ich... ich hab dich ...ich hab dich zu sehr... *(beugt sich vornüber und auch ihm kommen die Tränen)*

Kirsten: Ja. Du... kannst nicht.

Helm(richtet sich auf): Scheiße! – Das Scheißsaufen! *(fährt etwas weg)*

Kirsten: Nicht vergessen und nicht verzeihen.

Helm(wischt sich die Augen): Das verdammte Saufen! *(fährt zur Seite und stellt die Krücke ab)*

Kirsten: Was hast du... was hast du mir zu verzeihen? Was? – Das war vor uns, vor...

Helm: Was –?

Kirsten: Das war alles vor unserer Zeit, das hat...

Helm(fährt auf, laut): Was? Das frags' du! *Was* –? *(ruhiger)* So komms' du nich' weg, o, nein, das möcht's' du und ich – *(leiser)* verflucht, ich will's vielleich' auch, aber – *(hilflos)* ich kann nich'. Ha, *woll'n* –! Das hat mit Woll'n nix zu tun – ich kann nich' un' kann auch nich' fragen, ob's gut is' oder nich' – *(senkt den Kopf)* ... ich kann nich'.

Kirsten(hört auf zu weinen): So über allem dünkst du dich. Und du bist hart, so unmenschlich hart.

Helm(leise): Hart... hart – das eben nich´. Im Gegenteil, genau das Gegenteil.

Kleine Pause

Helm: ´Ne Frage der... ´ne Frage, wie lang du´s aushälts´ und wann… wann du anfängs´, dir ´ne Kruste zuzu… zuzuleg´n. – Ringe... Ringe wie beim Baum, nich´... jedes Jahr ´n Ring dazu... jede Verletzung ´n Ring dazu, bis nix mehr durchkommt. – Das ist deine Härte, so sieht se aus die – Unmenschlichkeit. Einer... bringt se dem andern bei.

Kirsten: Mein Gott, das ist doch...

Helm: Ha... *(winkt ab)* Seelenanalysen! Wo bleib´n die... Konse... Konsequenzen, wo?

Kirsten: Das ist doch was anderes!

Helm: Was is´ da anders?

Kirsten: Wir... wir haben uns doch – geliebt.

Helm: Geliebt...

Kleine Pause.

Helm: Wenn du liebs´ und denks´, du wirs´ geliebt un ´ dir is´ das – heilig, und du wills´ das nich´... beschmutz´n, die Liebe, und auch nich´ beschmutz´n lass´n – weiß´ du, was du dann tus´? – Dann geh hin un´... schlag ihn tot, den, den du liebs´ und anschließend dich selbs´. – Das hab ich von dir gelernt, von dir un´ unsrer... Liebe.

Kirsten(ist nähergekommen und betrachtet ihn): Ja. – Warum... hast du uns nicht totgeschlagen? – Haben wir uns nicht geliebt? – Hat´s dafür nicht gereicht?

Helm: Doch, es hätt´ gereicht. *(leise)* Totschlagen...
Herr, verflucht, so ´n Mensch, der… der muß ei´m
´ne Erwartung sein, vielleicht sogar... Hoffnung, nich´
einfach ´n Stück Physis, an das man sich gewöhnt hat.
– Mir... mir is´ von dir nix geblieb´n als Erbärmlichkeit.

Kirsten(hat zu zittern begonnen, verzweifelt): Und
mir –! Was ist mir von dir geblieben, was! Von dem,
was du mal warst für mich! *Was* –! Warum hab ich
das getan! Hast du mir... Hoffnung gegeben! Wer hat
alles kaputtgemacht!

Helm: Ich, na klar. – Weil du nich´ mehr wie ´n Flittchen...

Kirsten: Du hast mich nicht akzeptiert!

Helm: Du – du un´ der Bengel – so wie ihr wart!

Kirsten: Herr Gott, du hättest Geduld haben müssen,
mehr Geduld!

Helm: Ich hatt´ Geduld, noch un´ noch.

Pause.

Kirsten(für sich): Sind wir denn – allein?

Helm(ebenso): Du wars´ nich´ mehr siebzehn.

Kirsten(starrt vor sich hin und schüttelt den Kopf):
Wirklich... allein? *(setzt sich)*

Helm: Ha...

Kirsten: So... allein?

Kleine Pause.

Helm: Man sieht ´n Resultat, ja...

Kleine Pause.

Helm: Aber wie´s dazu gekomm´ is´, danach frag´
keiner... keiner.

Kleine Pause.

Helm: Ich könnt´s sag´n.

Kleine Pause.

Helm: ´S int´ressiert kein´, aber ich könnt´s sag´n.

Kleine Pause.

Helm: ´Ne Geschichte von ´nem... Krüppel, die int ´ressiert kein´.

Kirsten: Hör auf. Es bringt dich nicht weiter.

Helm(nickt): Wohin auch? – *(hängt wieder seinen Gedanken nach)* Wie war´s damals? Mit... Blondie, mein´ ich. Hab´s vergessen.

Kirsten(gequält): Hör auf.

Helm: Blondie...´n hübscher Bursche... entzückend dämlich. – *(sieht sie an)* Richtig zum Verlieben, was? Oder brauchtest du´s einfach? So ´ne junge Frau...

Kirsten(wie vorher): Herrje, immer und immer wieder, die... alten Geschichten.

Helm: Alte Geschichten – ja, alte Geschich-ten... *(plötzlich auffahrend, laut)* Für dich vielleich´! Für dich! Für mich nich´! Verflucht, nein! – Gestern… als wär´s gestern gewesen, so is´ mir das! Alte Geschichten! – Nein, nich´ gestern! Jetz´! Jetz´! In diesem Augenblick! Un´ ich bin dabei! So is´ mir das! – So alt is ´ das... für mich! – *(mit Abscheu)* Du dreckige... Hure!

Kirsten wird bleich und will aufspringen.

Helm: Bleib sitzen! Bleib ruhig sitzen, lauf nich´ weg! Vor mir schaffs´ es vielleich´, aber nich´ vor dir.

Kirsten: Ich brauch nicht vor dir wegzulaufen – und vor mir schon gar nicht!

Helm(fährt zu ihr): Du wars´ keine siebzehn un´ kein Kind mehr un´ auch keine zwanzig – *(lauter)* Du wars ´ fünfun´zwanzig! Un´ wir war´n anderthalb Jahre zusamm´! – *(schreit)* Un´ wir haben uns... *geliebt*, nich ´?! – So ein... Schwein!

Kirsten(springt auf): Du hast kein Recht, du... du Versager! Du elender Versager! Ich bin dir nichts schuldig!

Helm(für sich): So ein Schwein! Du verkommenes Schwein! – Un´ dieser Bastard, diese verfluchte Kanaille! Dies... Hurenpack! – *(sein Kopf sinkt herunter und er denkt nach; Kirsten geht, ohne daß er es bemerkt, hinaus)* Löwen, ja, Löwen... ´n Löwe müßt man sein, die machen´s richtig – die beißen alle Jung ´n tot, wenn se ´n Rudel übernehm´... alle Jung´n von ihr´m Vorgänger – ja, ´n Löwe. *(schüttelt den Kopf)* Ha, der Bastard – ´ne Null, ´n Nichts, ´n Krüppel! Hat mich zum Krüppel gemacht, weil er als Krüppel geboren is´. – Ich nich´, nein, ich bin´s geworden – so nach ´n nach. Invalide geworden bei der jämmerlichen... Knochenbalgerei. Hilf´ nix, muß man sich eingestehn – *kaputt!* – *(legt sich die Hand auf die Brust)* Hier drin... kaputt. Un´ wie soll´s sein? Wie anders? ´S muß so sein, zwangsläufig.

Kleine Pause.

Helm: Da hocken se – wie Todfeinde hocken se da, jeder in seiner Ecke, un´ se belauern sich. Un´ dann... dann fall´n se übernander her und schlagen sich blutig un´ zerfleischen sich – un´ das bis´ du, das alles bis´ du, du selbs´, was da zerfleischt wird – das bis´ du, wo sich das drin abspielt... was übriggeblieben is´ von dir... von dem, was du mal warst. – Da is´ der Mensch... dieser andre Mensch un´ dein Gefühl für ihn, so stark, daß du krank bist ohne ihn – un´ der

Glaube an ihn un´ ´ne Hoffnung – *(leise)* ja, verflucht, ´ne Hoffnung is´ auch mal da, am Anfang, wenn ´ne Unschuld noch da is´ un´ kein Schuldkonto – ja, das is´ das eine – un´ das andre… die Erwartung an dich selbst un´ was dein Glaube an dich is´ un´ der Rest Hoffnung aus den Jahren, als du jung warst, un´ dein Stolz, dein… Selbstverständnis un´ dein Selbstwertgefühl… wie das alles dann verwundet is´, beleidigt und kaputt, un´ wie Eifersucht kommt… wie Schlangen, un´ Wut sich ansammelt un´ du Rache fühls´, in deiner Liebe Rache fühls , Rache un´ alle Niedrigkeiten – un´ dieser Zwang, zu vergessen, der Zwang, vergessen zu müssen, nich´ dran denken zu dürfen – *(schreit)* ich darf nich´ dran denken! Nich´ dran denken! – *(erschöpft)* Ja, da hocken se un´ ringen – unentwegt – *(schüttelt verständnislos den Kopf)* Du rings´ mit dir selbs´ – auf Leben un´ Tod, un´ egal wer gewinnt, tot bis´ du immer, du gehs´ hops. Dein… Ich geht hops. – Ich. Ich… Ich. – Ich. *(laut)* Ich! Aber ringen… ringen, ringen, immer ringen – solang du rings´, lebs´ du, oder ´s is das, was du dafür hälts´. – *Leben* –! Was man so leben nennt. Wir sind… Wüstenwanderer. Wir irren umher in der Wüste unsres… Ichs un´ suchen Schatten, die Schatten der frühen Zeit. Aber wir finden se nich´. Wir vergiften nur uns un´ andern die Brunnen… die Brunnen des Lebens – das is´ alles. – Leben –! Wir *sterben* – jeden Tag… *(bleibt einen Moment in sich versunken und schüttelt sich dann)* Scheiße, ich werd wehleidig. Bin auch besoffen, glaub ich. – *(sein Blick geht zur Flasche und fällt dann auf die Krücken; fährt darauf zu)* Alte…

Geschichten. – Wunderschöne alte Geschichten... Es war einmal... die hatten einander so lieb – das Wasser war viel zu tief. – Alte... hoho, Geschichten aus dem Wienerwald, ho! – *(singt)* Donau, so blau, so blau, so blau... ich weiß es genau, genau, genau, 's is' alles so... *(hört auf zu singen)* Ach, Scheiße, gottverdammte Scheiße! – *(sinkt vornüber und birgt den Kopf in den Händen; dann tastet er mit einer Hand nach den Krücken. Als er sie nicht findet, richtet er sich auf, fährt näher an sie heran und nimmt sie. Er betrachtet sie etwas, legt sie quer über die Armlehnen und fährt in die Mitte des Raumes, wo er einige Male angestrengt versucht sich daran aufzurichten. Es gelingt ihm jedoch nicht, und er fällt stets in den Rollstuhl zurück. Währenddem)* Ich geh... ja, ich werd gehn. Mir reicht's… hab die Schnauze voll – lange schon. – Servus, Wienerwald... un' Donau, so grau, so braun, so grau. – Ich lauf'... ich lauf', bis keine Straßen mehr sind. - Alte Geschichten... ich brauch euch nich', adieu! Un' nix tut weh! – Innsbruck... ich geh! Ich lauf zum Tor hinaus. – Un' komm nich' wieder... Innsbruck, ich geh, ich flieg'... un' flieg'... zur Donau hin – *(fällt wieder in den Stuhl und gibt erschöpft auf; legt die Krücken auf die Armlehne und starrt sie an)* 'Ne Hure als Mutter – wenne Glück has', weißte sogar, wer dein Alter is'. – Warum has' ihm das nich' gebeichtet... dei'm Sprößling... so inner stillen Stunde, mein' ich. – *(winkt ab)* Der Hurensohn, der hätt' sich nix draus gemacht, dem hätts' 's sagen könn'. – Ja, mein Junge, deine Mutter is' 'ne Hure – nich' Profi, nur Amateur, aber immerhin, mein Rekord kann sich sehen lassen... neunzig, hundert Mal in den Ring, vielleicht auch hundertfünfzig, wer weiß das so genau – trotzdem, ganz schön, nich´? Un´ das Besondre – k.o., jedesmal k.o. un´ immer weitergemacht. Jedesmal im Dreck geleg´n un´ weitergemacht – das is´ Moral, was? – Hurenmoral... die geht über alles, da kann´s dir ´n Beispiel dran nehm´, die mach´ alles fertig, vor allem dich selbs´. – *(macht eine abwehrende Bewegung)* Ja, ich weiß – alte Geschichten! Alles vor unsrer Zeit! ´Tschuldige! – Un´ das andre... tja, das andre is´ was ganz andres, das hat damit gar nix zu tun, das is´ wie Äppel un´ Birn´, nich´? – Konnts´ das nich´ mehr ertrag´n, so alles eben – seelischer Notstand, nich´? Die Ungewißheit un´ die Ablehnung – so was wie dich heiraten... nee! Un´ was für´n Unverständnis auch von dem Kerl, weil er von dir erwartet, daß du nich´ mehr in ´n Kneipen rumziehs´, ja, soviel Unverständnis, da is´ man richtig... unterdrückt – wo bleib´ da die Freiheit, da hat man ´n Recht drauf, das steht ei ´m zu, wo alle von Freiheit krakeel´n, was! Ja, wollt´s ´n Signal setzen... in deiner Not, nich´? Halt auf die Art wie immer – saufen un´ dich hinlegen, vor irgendei´m, dem´s nix macht, wenne Frau stock- besoffen is´ – Ja, ´ne rührende Geschichte! ´Ne unverstand´ne, junge Frau, die am herzlosen Kerl kaputtgeht un´ sich un´ ihre... *Ehre* im Schweine- koben opfert, ha, da komm´ ei´m die Trän´... is´ gradezu schicksalhaft! – *(höhnisch)* Scheiße, Schick- sal! Schicksal braucht ´n Publikum un´ hier war keins! Hätt´ keiner zu hören gekriegt, die Geschichte vom Schweinekoben, wenn ich da nich´ zufällig vorbeigekommen wär´... diesen elenden Mittag... in dieser verfluchten Gegend... an diesem beschissenen Haus, aus dem du grad rauskomms´ mit diesem Schwein, diesem gottverdammten Schwein! – *Das is´* Schicksal, was! – ´N Signal –! Un´ erst war´s der, den ich gesehn hab – einer war´s, nich´... nur *einer*... ´n Signal, ja, un´ nach un´ nach werden´s mehr un´ am Ende sind´s vier ...vier von diesen Schweinen... vier in fünf Tag´n! – Erbsenzählerei, was! Bei dei´m Seelenzustand! Wer das nich´ versteht! – Klar, Krach... immer – der Bastard! Un´ ich war weg, das war´s! ´Ne gute Gelegenheit, Traditionen zu pflegen – Kummer runtersaufen un´ der Rest... *(hebt die Schultern)* mein Gott, der Rest... Das is´ die Geschichte – die Geschichte von ´m Hurenweib un ´nem dummen... Zufall. *(überlegt einen Augenblick und fährt zum Tisch, nimmt die Flasche und das Glas, betrachtet die Flasche, wirft das Glas auf den Boden)* Scheißsaufen! – *(versinkt wieder in sich)* Hure... was is´ das? – Is´ die besser oder schlechter als andre? Is´ die schlechter als andre, weil se sich hinleg´ un´ vor jedem die Beine breit mach´ – oder was? Weil se ´n Gegenstand is´, ´n Gebrauchsgegenstand, zur allgemeinen Verfügung wie ´n... Taxi? – Un´... wie isses geworden? Is´ es ihre eigene Schuld oder isse ´n Opfer... von irgendwas un´ irgendwem? Un´ warum? Isse dümmer als andre... oder schwächer, einfach nur schwächer? Einfach jemand, der den Preis für sich selbs´ zu... niedrig ansetz´, ha, jemand, der ´nen Preis *hat*, der keine... Erwartung an sich hat? – *(nickt)*

Verflucht! – Dann gibt's 'ne Menge Huren heute...
vor allem männliche! – Dann is' jeder 'ne Hure, jeder,
der sich hinlegt vor diesem… diesem – *(sucht nach
einem Wort und nickt erneut)* weil da gezahlt wird…
in allen Währung'n un' jeder Münze – an jeden, der
'nen Preis hat. – *(überlegt)* Ja, es is' 'ne Hure … die –
große Hure. Alle komm' zu ihr gelaufen, alle, un' sie
fragt nich', wer's is' – König oder Bettler, Schuft
oder nich' Schuft, alles egal. – Kinnbacken muß er
haben, kräftige Kinnbacken, die alles beißen... un'
den Allesfressermagen... un' durchgeboxt muß er sich
haben, bis zu ihr durch... dann leg' se sich hin, un' se
kost' nich' viel – nur 'n bißchen Erniedrigung. –
(verzieht das Gesicht) Ja, vielleicht hat man's mal
geliebt un' dann sich dran gewöhnt, aber jetz', jetz'
trägt man's wie 'n alten Mantel. – *(lacht etwas)* Bei
Gott, 's Leb'n... 's is' 'ne Hure... die *große* Hure – un
' du auch! Un' es kotz' mich an... das Leb'n, genau
wie du. Ich bin mit dir zusamm', für mich bis' du 'ne
Hure. – Un' das is' es… das is' der Grund von dem,
was 'te als Resultat siehs'. Das is' es, was mich
kaputtgemacht hat. Ich bin selbs' 'ne Hure, weil ich
mit dir zusamm' bin, ich auch... un' ich hab keine
Achtung vor mir. Ich war zu schwach un' wurd' 'ne
Hure... un' 'n Versager – ich geb's zu. Aber ich hatt'
Flügel, starke Flügel un' 'ne breite Brust… un' dann,
dann war'n die Schwungfedern weg, ganz plötzlich –
un' es hat noch 'ne Zeitlang zum Watsch... Watscheln
gereicht.
Kleine Pause.

104

Helm: Liebe – da denks′, du kanns′ se schutzlos hinhalten, deine breite Brust... da denks′, du kanns′ ′s Visier aufmachen, dich ganz öffnen, dich dem an′ern inne Hand geb′n, ihm vertraun, dein... Innerstes weggeb′n – ja, un′ wenn er′s vor die Schweine wirft, dann haste Pech gehabt. Wenn es überhaup′ wiederkriegs′, dann hat′s was vom Saustall an sich. – Liebe... da denks′, das is′... der Gott in dir... *(denkt nach)* nein, ′s is′ kein Gott. Un′ was uns vielleich′ dran erinnert – wir haben′s uns kaputtgemacht, wir haben′s vergessen, wir haben′s hinter uns – *alles.* – *(birgt seinen Kopf in der Hand)* ′S is′ furchtbar, wenn′s ei′m kaputtgemacht wird – un′ die Hölle, wenn du′s selbst machen mußt. – So nach un′ nach... töts′ du dich selbs′... von innen raus. – *(plötzlich laut)* Ich bin – tot! Ich hab mich... totgemacht, hörs′ du das! – *(richtet sich auf und blickt umher; offensichtlich bemerkt er erst jetzt, daß Kirsten nicht da ist. Er schüttelt den Kopf, schaut auf die Uhr, fährt zum Radio und schaltet es ein. Es ertönt Musik, die bald zu Ende geht. Währenddem kommt Kirsten mit einem Kissen unter dem Pullover wieder herein. Sie setzt sich in die Mitte des Sofas und blickt Helm an, der wieder seinen Gedanken nachhängt und ihr Eintreten nicht bemerkt hat.*

Stimme(aus dem Radio): Zur Übertragung des nachfolgenden Konzerts schalten wir um zum Bayerischen Rundfunk.

Kleine Pause.

Kirsten: Was ist mit Rolf?

Helm(schreckt auf): Hm –?

Kirsten: Was ist mit Rolf?

Helm: Was soll mit ihm sein – er is´ tot.

Kirsten: Willst du zur Beerdigung?

Helm: Weiß nich´.

Kirsten: Warum?

Helm: Hilf´ ihm auch nix mehr.

Kirsten: Er war dein Freund.

Helm: Ja.

Kirsten: Ihr habt viel zusammen gemacht.

Kleine Pause.

Kirsten: Er war mit dabei, nicht?

Helm. Wo?

Kirsten: An der Mosel.

Helm: Wann?

Kirsten: Damals, als du nicht mehr wolltest.

Helm: Ich wollt´ öfter nich´ mehr.

Kirsten: Wann war das – weißt du es noch?

Helm: Int´ressiert mich nich´.

Kirsten(tut, als überlege sie): Wir kannten uns ein Jahr...

Helm: Da war´s Zeit.

Kirsten: Ungefähr ein halbes Jahr vor dieser – Sache, nicht?

Helm(sieht auf): Wills´ du –?

Kirsten: Ich will gar nichts. – Du brauchtest einen guten Freund damals, nicht?

Helm: Hol´s der Henker.

Kirsten: Einen, der dir Händchen hält bei all dem Beziehungsstress.

Helm(winkt ab): Ah –!

Kirsten: Ich auch. *(Helm reagiert noch nicht)* Er ist eine Woche eher zurückgekommen, nicht?
Helm: Wer?
Kirsten: Wer! – Rolf! Oder waren's zehn Tage? – *(Helm richtet sich etwas auf und starrt sie an)* Ja, eine Woche... *(beiläufig)* Es war gut mit ihm... wirklich – es waren ein paar schöne Tage. Und ich habe nicht getrunken – *(schüttelt den Kopf)* nicht einmal.

Helm hat sich nach und nach kerzengerade aufgesetzt und starrt sie an. Schließlich rollt er auf sie zu, greift seine Krücken und richtet sich an ihnen unter Anspannung aller Kräfte auf. Er geht wankend einige kleine Schritte auf sie zu, bis er dicht vor dem Tisch ist. Er hebt die rechte Krücke in die Luft, wie um damit auf Kirsten einzuschlagen. Doch mit einem lauten Schrei schleudert er sie von sich und stürzt zu Boden. – Kirsten bleibt zunächst sitzen. Als Helm die Krücke hebt, springt sie auf, um dem vermeintlichen Schlag zu entkommen. Dabei gerät sie ins Straucheln. Zusammen mit der Lampe, deren Licht verlöscht, stürzt sie zu Boden, wobei sie mit dem Leib auf die Tischecke schlägt. Sie schreit auf und bleibt leise wimmernd seitlich des Tisches liegen. – Helm rührt sich zunächst nicht. Dann hebt er den Kopf, schaut zu Kirsten und läßt den Kopf wieder sinken. – Kirsten verstummt. Helm richtet sich mit dem Oberkörper auf und horcht, dann kriecht er zum Telefon. Er richtet sich am Schrank in sitzende Position auf, holt das Telefon herunter und wählt.

Helm: Ein... einen Wagen, bitte. – Helm... Helm is' – Helm, ja... ein Unfall, bitte... Parkstraße zwan...

zwanzig. – Durch die Garage, ja... da is´ auf.*(läßt den Hörer fallen und schüttelt den Kopf)*
Aus dem Radio ertönt ein Pausenzeichen.
Helm läßt sich zur Seite fallen und kriecht zu Kirsten, dreht sie auf die Seite, horcht nach ihrem Atem, bewegt sich dann weiter zum zweiten Nebenraum. Als er kurz davor ist, regt sich Kirsten und fängt wieder an zu wimmern. Er dreht noch einmal den Kopf, stößt die Tür des Zimmers auf und verschwindet darin. Man hört ihn rumoren, dann fällt ein Schuß. – Kirsten schreit auf und fängt an zu schluchzen. – Das Pausenzeichen hört auf.
Klatschen(aus dem Radio, dann eine Ansagerstimme): Hier ist der Bayerische Rundfunk, Zweites Programm. Meine Damen und Herren, aus dem Herkulessaal der Münchner Residenz hören Sie die Übertragung eines öffentlichen Kammerkonzertes mit Werken von Ludwig van Beethoven und Johannes Brahms. Zu Beginn spielt das Arte Quartett die Große Fuge in B-Dur, Opus hundertdreiunddreißig von Ludwig van Beethoven.
Das Klatschen hört auf, die Musik setzt ein. Während des folgenden dann erneute Tonstörungen, bis die Musik beim endgültigen Stillstand des Vorhangs mit einem Mißton abbricht. – Kirsten versucht sich aufzurichten, sinkt aber wieder zu Boden. Sie kriecht, gelegentlich mit dem rechten vorgestreckten Arm greifend, als wolle sie etwas fassen oder halten, zum Nebenraum. Nachdem sie einige Meter zurückgelegt hat, beginnt der Vorhang sich ruckweise zu schließen, kommt zum Stehen, öffnet sich etwas später fast ganz.

Lilli hält irritiert ein, schielt versteckt zum Vorhang, der noch einige Male ruckt, ohne von der Stelle zu kommen. Sie kriecht wie vorher weiter. – Aus dem Nebenraum ist zunächst unterdrücktes, dann lauter werdendes Lachen Geros zu hören. – Lilli hat erneut eingehalten, nun steht sie müde und mit einem ratlosen Ausdruck im Gesicht auf. Sie dreht sich der Flurtür zu, durch die der Spielleiter, helle Begeisterung im Gesicht, hereinkommt und auf sie zueilt. – Im selben Moment torkelt Gero, eine Pistole schwingend, unter Johlen und wildem Gelächter, Schüsse abgebend, auf die Bühne. – Der Spielleiter bleibt wie angewurzelt stehen. Seine Entrüstung, der, wie es scheint, er zunächst laut Ausdruck geben will, verwandelt sich zu tiefster Enttäuschung, bis er schließlich wortlos zu einem Sessel geht, sich hineinsetzt, die Perücke abnimmt und unbewegt in den Publikumsraum blickt. – Lilli bleibt an ihrem Platz stehen, zieht das Kissen hervor und schaut zu Boden. – Geros Lachen verebbt. Er macht noch einige Schritte auf den Spielleiter zu und starrt dann ebenfalls ins Publikum. – Gleichzeitig erscheinen die Arbeiter und fangen an die Bühne abzuräumen.

Abgesang
(nach Belieben)

Theaterchef(überwiegend distanziert, sachlich) geht in die Mitte der Bühne und klatscht in die Hände. Alle Schauspieler, auch der in der Rolle des Klarmann, sammeln sich um ihn. Er schaut sie der Reihe nach an.

Spieler der Ellen(lächelnd): Wie war´s?

Theaterchef: Schauspielerisch gut, Sie waren alle gut.

Spieler des Peter: Aber –?

Theaterchef: Wir setzen es ab.

Spieler des Peter: Was!

Theaterchef(zur Schauspielerin): Sie haben recht.

Schauspielerin: Womit?

Theaterchef: Es paßt nicht in die Zeit.

Schauspielerin(nimmt sich eine Perücke ab): Das sage ich doch gar nicht. Das sagt diese Lilli.

Theaterchef: Wer?

Schauspielerin: Diese alberne Lilli.

Theaterchef: Ja, albern diese Lilli, aber sie hat recht.

Schauspielerin: Nein, hat sie nicht.

Theaterchef: Sie hat recht.

Schauspielerin: Ich finde das Stück gut, sogar großartig. Es ist so voll Ernst... Lebensernst – und ganz ungekünstelt... so schrecklich ehrlich. So ein einziges... Nichtverstehen und Nichtwissen-was-ist, wie die Kirsten einmal sagt.

Theaterchef: Genau darum paßt es nicht. Wir setzen es ab.

Spieler des Peter: Ja, und wie? Was dann?

Theaterchef: Das lassen Sie meine Sorge sein. Mir wird etwas einfallen.

Spieler der Ellen: Alles für die Katz? – Die vielen Proben, die Öffentlichkeitsarbeit, die Programme... wie kann man es jetzt noch absetzen?

Theaterchef: Unerwartete Probleme wegen der Aufführungsrechte... irgendwas. Ich werde das passend verkaufen. – Wir setzen es ab.

Schauspielerin: Aber –!

Theaterchef: Wir sind kein Stadt- oder Staatstheater!

Schauspielerin: Aber –!

Theaterchef: Wir müssen nach den Leuten gehen – sie sind nun einmal, wie sie sind. Nein, natürlich nicht, sie sind, wie man sie *macht*... und sind es mit Überzeugung. Wer von dem Zirkus, den man da allgemein veranstaltet, nicht überzeugt wäre, hinge sich auf, was sonst? Oder gäbe sich die Kugel.

Schauspielerin: Aber –

Theaterchef: Im Stück gibt's ja einen, der ganz und gar nicht überzeugt ist. Wie er dann endet, ist darum nur konsequent. *(winkt ab)*

Schauspielerin: Aber genau darum –!

Theaterchef: Wir können den Leuten nicht vors Schienbein treten und erwarten, daß sie noch dankbar sind und applaudieren.

Spieler des Peter: Das stimmt.

Theaterchef(überlegt etwas): Leerlauf, meine Herrschaften, alles Leerlauf... immer gewesen und heute mehr denn je... mit immer höherer Drehzahl... trotzdem nur Leerlauf! – Es ist zwar so, aber keiner will was davon hören – und sehen schon gar nicht.

Spieler der Ellen: Und dann?

Kleine Pause

Theaterchef(lächelt): Moral verkauft sich gut, so gut wie nie, nicht wahr. Und für den, der sie kauft, ist es gut angelegtes Geld – *Ablaßgeld*! Ja, so wie früher, er kommt damit in den Himmel.

Spieler des Peter: In den Himmel?

Theaterchef: Nein, der Himmel selbst interessiert keinen mehr, natürlich nicht. Der Himmel eigenen Seelenfriedens ist gemeint. Man sieht hier auf der Bühne die Unvollkommenheiten, Fehler und Mängel und auch... *(er lacht)* die Sünden anderer und darf denken, so was Erbärmliches... so bin ich nicht... so doch nicht – *ich* bin ganz anders... so dreckig geht's mir schließlich nicht. Und warum das? Weil ich ein guter Mensch bin! - Ja, ein guter Mensch... und gut angelegtes Geld. *(er überlegt, schüttelt den Kopf)* Aber bei diesem Stück gibt es keinen Ablaß, keiner kann sich rausmogeln oder davonstehlen mit seinem Windsackgewissen. Hier oben auf der Bühne nicht und im Zuschauerraum ebensowenig. Selbst bei Eintrittskarten für hundert Mark nicht... und die haben wir nicht mal. – Wir setzen es ab!

Schauspielerin: Aber –!

Theaterchef: Alle sind schuldig. *(zum Spieler des Klarmann)* Sie am meisten.

Spieler des Klarmann: Was! Ich?

Spielleiter: Sie in Ihrer Rolle.

Spieler des Klarmann: Aber ich tue doch nichts.

Spielleiter: Eben.

Spieler des Klarmann(zeigt auf Spieler der Ellen): Dann ist er genau so schuldig, er in seiner Rolle. Als Ellen, meine ich.

Theaterchef: Natürlich, mehr noch. *(zur Schauspielerin)* Zu Ihnen muß man nichts sagen, oder?

Schauspielerin: Zu mir?

Theaterchef: In Ihrer Rolle.

Schauspielerin: Welche? Die Lilli?

Theaterchef: Nein, die Kirsten.

Schauspielerin: Sehen Sie bei der eine Schuld?

Theaterchef: Sicher doch, zumindest bei der, die sie früher einmal war.

Spieler der Ellen: Schuldig... ich weiß nicht.

Schauspielerin: Doch, schuldig!

Theaterchef(zum Spieler der Ellen): Schuldig! Ich... äh, der ‚Fritz' ringt wenigstens mit sich und den Dingen und macht dabei sich und auch sie *(deutet auf die Schauspielerin)* kaputt. Ihr andern tut nichts, für nichts und niemanden, nicht einmal für euch selbst, außer daß ihr es euch gut sein laßt. Und man sollte da nichts mißverstehen – ich bin... der ‚Fritz' ist kein Psychopath. Wenn er das wäre, würde das ganze Stück seine Aussage verlieren. Aber egal jetzt, hat sich erledigt. *(zum Spieler des Klarmann)* Schuldig! Für Sie ist das Leben kein Wert, um den man ringt. Außer daß Sie so dahinexistieren und arbeiten, tun Sie nichts, weder zum Guten noch zum Bösen, und das ist die größte Schuld, Ihre Klarmann-Schuld. Die Schuld der Mittelmäßigkeit und Unbedarftheit, der Selbstgefälligkeit, der jämmerlichen Zufriedenheit mit dem, was ist, *(zum Spieler der Ellen)* der kleinen

Bösartigkeiten, Heucheleien und geringen Zumutung an sich und das Leben. *Das* macht dies Stück zur Tragödie, weniger mein Schicksal... das des ‚Fritz‘ natürlich. Soll man das den vielen Mittelmäßigen sagen?

Schauspielerin: Ja, genau das.

Theaterchef: Nein.

Schauspielerin: Doch! Wozu sonst Theater?!

Theaterchef: Ach, wo leben Sie! In diesem Land? Wirklich? – Das magische Wort heute heißt – *heute!* Und ‚heute‘ bedeutet Spaß... egal wie, nur möglichst oft, am besten immer. *(sieht die Schauspieler wieder der Reihe nach an)* Ja, die Leute wollen Spaß und aus ihrer Schafsruhe nicht aufschrecken. Und das sollen sie haben, das hilft ihnen. *(lächelt wieder)* Zwar nicht auf Dauer, aber erst mal uns und unserer Kasse... und das zählt, nichts anderes. *(schüttelt den Kopf)* Heutige – Verlorene! Zu allen Zeiten... *(verharrt kurz)* Was soll's, nicht unser Bier. *(strafft sich, mit Elan)* Wir nehmen wieder die ‚Happy Brothers‘ auf den Plan! *(klatscht aufmunternd in die Hände)* Da machen wir nichts verkehrt.

Alle(einschließlich der Arbeiter, doch ohne die Schauspielerin, die sich abwendet): Da machen wir nichts verkehrt!

Sie klatschen sich gegenseitig zu.

Vorhang,
der gleich wieder aufgeht. Alle mit Ausnahme des 2. Mannes ohne Namen, der den Peter und Klarmann gegeben hat, sind abgetreten.

2. Mann: Kein Beifall! Kein Beifall! – *(im folgenden kleidet er sich aus und hängt sich dann ein Badetuch um)* Der ist wie alles, was Sie sonst tun, nur Konvention. Bedenken Sie bitte, wir haben Ihnen soeben drei Stunden lang ‚vors Schienbein getreten'. Gehen Sie ausnahmsweise einmal in sich, und applaudieren Sie zum Zeichen dafür und als Ausdruck Ihrer tiefen Wertschätzung für die Wahrheit dieses Stücks sowie unseres bescheidenen   Anteils an ihrer Vermittlung nicht.

Frau,(welche die Lilli und Kirsten gegeben hat, tritt währenddem auf, bleibt mehr im Hintergrund, zieht sich ebenfalls aus, legt dann einen Bademantel an, zwischendurch): Unselige Zeiten?

2. Mann: Nein, unselige Menschen – *(kommt nach vorne, ins Publikum)* Wir *alle*! Wir verdienen keinen Applaus... in welchem Zusammenhang auch immer.

Frau(lächelnd): Zeigen wir uns also erschüttert und schweigen einfach still.

2. Mann(weiter ins Publikum): Lassen Sie sich durch meine Worte keinesfalls beirren. Entzünden Sie ruhig weiterhin und nun erst recht Solidaritätskerzen in Ihren Fenstern. Zu jedem Anlaß, in dem der gute Mensch sich in Ihnen empört. Alle sollen schließlich wissen, *wie* gut Sie sind.

Frau(kommt nach vorne zum Mann): Verzeihen Sie ihm, bitte. Wie Sie gesehen haben, ist er ein Kollege von mir, ein Schauspielerkollege. Persönlich kenne ich ihn nicht weiter. Seine Ansichten scheinen jedoch dahin zu gehen, daß sie mir völlig fremd sind. Ich distanziere mich von ihnen, ebenso von denen des anderen Kollegen kurz zuvor. Die Aussage des Stücks im ganzen teile ich ganz und gar nicht. *(lächelt wieder)* Ich versichere Ihnen, unsere Welt ist voll Licht und gut. Sie hat nichts mit der schaurigen Fiktion eines Schmierentheaterstücks zu tun. Gehen Sie also, wie Sie gekommen sind, in Frieden nach Hause. *(hört auf zu lächeln)* Allerdings – noch sind Sie in einem Theater, und ich stehe auf einer Bühne, vergessen Sie das bitte nicht. Die Privatperson, die ich jetzt ganz zum Schluß geben soll, ist also nicht wirklich ich... ebensowenig, wie ich Lilli oder Kirsten war. *(zeigt auf den Mann)* Das gleiche gilt natürlich für meinen Kollegen. Wer ich *wirklich* bin und was *meine* Ansichten über die Wahrheit des Stücks sind, wissen Sie nicht und werden es nie wissen, weil ich es Ihnen nicht sage. Sie müssen sich schon Ihre eigene Meinung darüber bilden, falls Sie denn überhaupt wollen. Denken Sie sich dann einfach, es sei die meine auch. Vielleicht stimmt es sogar.

2. Mann(sieht die Frau an, schüttelt den Kopf): Ich –! Wer ich *wirklich* bin und...

Frau: Wie?

2. Mann: Was du gerade gesagt hast – ‚wer ich *wirklich* bin und...'

Frau(sieht ihn an): Du weißt es auch nicht?

2. Mann: Wenn ich ehrlich bin, so richtig nicht.

Frau: Jetzt nur im Stück, oder sonst auch?

2. Mann: Wo ist da der Unterschied?

Frau: Ja, wo?

2. Mann: Kulissenwelt hier und draußen die echte? Ha, echt! Kulissen, wohin du schaust! Und nichts als Schauspieler, die da agieren!

Frau(nickt): Wenn sie es nur wüßten.

2. Mann: Eben, die meisten wissen es nicht mal. Die spielen ihre Rollen, von sich und ihrem Tun so eingenommen, wie das noch kein Schauspieler auf Brettern je geschafft hat.

Frau: Und die wenigen, die... *(sucht nach passenden Worten)*

2. Mann: Die gibt es doch wirklich nur im Theater.

Frau: Es gibt sie auch draußen.

2. Mann: Wenn einige von uns auf der Bühne so tun, als ob.

Frau: Nein, es gibt sie.

Kleine Pause.

2. Mann: Ich gehe jetzt duschen.

Frau: Wann sind wir das nächstemal dran?

2. Mann: In drei Tagen, glaube ich... am Donnerstag.

Frau: So bald?

2. Mann: Deine Rolle ist Schwerstarbeit, oder?

Frau: Ich bin immer fix und fertig.

2. Mann: Und die vom ‚Gero' erst.

Frau: Von wem?

2. Mann: Von deinem ‚Fritz' – nein, vom ‚Chef'.

Frau: Ach so, unser Rollstuhlfahrer. *(schüttelt den Kopf)*

2. Mann: So ist das nun mal in unserem Geschäft: viel Getue.

Frau: Ja, viel Getue.

2. Mann(zeigt auf sie und applaudiert ihr dann): Mit soviel Herzblut sogar.

Frau(bleibt stehen, der Mann ebenfalls): Danke. – Nur wozu alles? – Wenn ich so überlege... warum machen wir das überhaupt?

Kleine Pause

Frau: Oder hat der recht?

2. Mann: Wer? Womit?

Frau: Leerlauf... alles nur Leerlauf?

Kleine Pause

Frau: Seit ewigen Zeiten und stets nur mehr?

2. Mann: Laß uns duschen gehen, wir erkälten uns sonst noch.

Beide setzen sich in Bewegung; 1. Mann ohne Namen kommt auf die Bühne.

1. Mann: Seid ihr nicht bald fertig?

2. Mann: Wir sind fertig.

Frau bedeutet dem 1. Mann abzugehen, weist ins Publikum, vehement wieder in die Kulissen

1. Mann: Was ist los?

Frau: Weg! Verschwinde!

1. Mann: Warum?

Frau: Was machst du hier? Da, die Leute!

1. Mann: Ich denke, ihr seid fertig.

Frau: Kein Vorhang?

1. Mann: Wofür?

2. Mann: Eben, wofür? Wir wollen keinen Applaus.

Frau: Das sagst du im Stück.

2. Mann: Das sage ich jetzt auch. Ich habe drüber nachgedacht, ich... also der, für den ich das sage, hat recht, wir wollen keinen Applaus.

Frau: Du willst keinen. *(zum 1. Mann)* Was sagst du?
1. Mann: Mir ist das egal.
Frau: Was ist mit den anderen?
1. Mann: Die sind schon weg.
2. Mann: Also – paßt doch!
Frau: Und die Zuschauer?
2. Mann: Die können gehen.
1. Mann: Klar, ab nach Haus!
2. Mann: Das Stück ist aus!
Frau: Gott sei Dank, das Salbadern am Schluß nervt mich.
2. Mann: Ich find´s gut. Sonst wäre das nur so eine Ehegeschichte. Von denen gibt´s genug.
Frau: Das Stück müßte aufhören, wenn der Kotzbrocken sich die Kugel gibt.
2. Mann: Na, na – weibliche Solidarität, was? Die macht blind... allgemein halt, meine ich.
Frau: Blind, sagst du?
2. Mann: Die ist doch eine Schlampe.
Frau: Wer?
2. Mann: Du – nein, die du spielst.
Frau: Welche?
2. Mann: Die Kirsten.
Frau: Weil sie´s treibt, wie´s Kerle auch treiben?
1. Mann(ungehalten): Nun macht hin, seht zu, daß wir hier rauskommen.
2. Mann: Warum so eilig?
1. Mann: Ich brauch Tapetenwechsel.
Frau(ärgerlich): Ich auch.

1. Mann: Aber von mir aus laßt euch Zeit, wenn ihr euch mal wieder beharken wollt. Ich geh schon vor. *(geht)*
2. Mann: Wo bist du?
1. Mann(dreht sich halb): Im ‚Treibhaus', wo sonst?
2. Mann: Wir kommen dann. In einer halben Stunde.
1. Mann(lacht): Halbe Stunde, hört, hört!
Frau(nimmt ihre Kleider auf, beginnt abzugehen): Ich komme nicht mit.
2. Mann: Ja, ja, immer dasselbe.
1. Mann: Macht das unter euch aus, ich gehe. *(ab)*
2. Mann(ruft ihm nach): Halbe Stunde! *(nimmt ebenfalls seine Sachen auf, folgt der Frau)* Immer dasselbe! Und ich sage dir, die ist eine Schlampe. Ob dir das gefällt oder nicht. Aber jeder zieht sich den Schuh an, der ihm paßt, nicht wahr, Schatz? – Ha, wie's Kerle treiben! Die sind nicht alle so, wie du denkst. Das ist zu billig, sich so... Bleib doch mal stehen! Lauf nicht weg! – Das ist zu billig..." *(ab)*